高水平
中等职业学校
系列教材

民宿服务与管理

王静
左琼　主编
吴光文

MINSU
FUWU
YU
GUANLI

化学工业出版社
· 北京 ·

内容简介

本书包括六个项目，共 22 个任务。内容包括：认识民宿、筹备（开办）民宿、民宿接待服务、民宿管理服务、民宿运营服务和民宿安全服务。每个项目均配有项目概况、任务目标（包括知识目标、技能目标、思政目标）、任务导入；每个任务后均配有任务实训、复习与思考，能帮助学习者更好地巩固所学知识。本书从民宿认知部分入手，先让民宿从业人员、学生等学习者对民宿有一个初步认识，然后指导学习者怎样去筹备（开办）民宿，以及如何在后期民宿经营过程中对民宿进行接待服务、管理服务、运营服务和安全服务等一系列工作。该书内容编写符合学习者的认识流程、行为流程，分项目、分任务来进行学习，使学习者每学习一个任务就有相对应的任务实训，让所学习的理论知识贴近民宿实际工作，具有可操作性，对正在从事民宿行业的从业者或以后即将从事民宿行业的学生具有实际的指导意义和价值。

本书的编写结合了民宿服务与管理工作实际，既可以作为中职院校旅游管理专业的教材，也可以作为民宿行业从业人员的培训教材，还可以作为从事民宿工作相关人员的自学参考用书。

图书在版编目（CIP）数据

民宿服务与管理 / 王静，左琼，吴光文主编 . —北京：化学工业出版社，2021.11（2024.1重印）
ISBN 978-7-122-40192-2

Ⅰ.①民⋯ Ⅱ.①王⋯ ②左⋯ ③吴⋯ Ⅲ.①旅馆－服务业－经营管理－高等职业教育－教材 Ⅳ.① F719.2

中国版本图书馆 CIP 数据核字（2021）第 219593 号

责任编辑：蔡洪伟　金　杰　　　　　　　文字编辑：贾全胜
责任校对：田睿涵　　　　　　　　　　　装帧设计：王晓宇

出版发行：化学工业出版社（北京市东城区青年湖南街 13 号　邮政编码 100011）
印　　装：大厂聚鑫印刷有限责任公司
787mm×1092mm　1/16　印张 12　彩插 2　字数 202 千字　2024 年 1 月北京第 1 版第 2 次印刷

购书咨询：010-64518888　　　　　　　　　　　　售后服务：010-64518899
网　　址：http://www.cip.com.cn
凡购买本书，如有缺损质量问题，本社销售中心负责调换。

定　价：38.00 元　　　　　　　　　　　　　　　　　　　　　版权所有　违者必究

前言 PREFACE

民宿作为一种旧乡愁和新乡土相结合的产物，被称为有温度的住宿、有灵魂的生活。民宿不仅解决住宿的问题，还是一种有深度、休闲、多元乡村旅游生活的象征，也相应地带动了乡村人居环境的改善。随着我国乡村旅游市场的日益繁荣，民宿成为很多都市人出行的住宿选择。为满足民宿发展对人才的需求，立足民宿产业发展前沿，我们编写了《民宿服务与管理》教材。

《民宿服务与管理》系统、全面建构了民宿运营、管理的知识和能力体系。根据民宿发展对人才素质结构的要求，本教材从宏观、中观、微观三个层面梳理了运营和管理的工作任务，汇编了大量典型的民宿经营案例、民宿发展相关政策、社会热点等，从民宿主、消费者不同维度对民宿进行了解读，可满足不同层次人员的需要。

《民宿服务与管理》兼顾中等职业学校教学和行业实用人才培养的需求，适用于中等职业学校旅游服务与管理专业，可作为民俗生态旅游专业群的选修课程教材，也可作为民宿经营者、乡村旅游基层管理者的培训教材。本教材是《客房服务与管理》内容的延伸和补充，全书由六个项目共二十二个任务组成。主要内容包括：认识民宿；筹备（开办）民宿；民宿接待服务；民宿管理服务；民宿运营服务；民宿安全服务。

本教材在重庆城市管理职业学院殷开明教授的指导下完成撰写工作，由王静、左琼、吴光文担任主编；余爱平、齐娅、车志明担任副主编；郭燕、杨军、祁伟伟为参编。王静负责教材大纲起草、内容编排整合、统稿工作；左琼负责教材编写调研及文字校对工作；吴光文负责统筹教材编写及主审工作；车志明负责教材编写调研及审稿工作；郭燕、杨军、祁伟伟负责收集整理资料。具体编写工作：项目一和项目三由齐娅编写，项目二和项目六由王静编写，项目四和项目五由余爱平编写。

编者在编写本书的过程中，参考了国内有关著作、论文、民宿服务与管理等相关教材，在此特向上述文献的作者表示感谢。此外，在本教材的编写过程中得到了化学工业出版社、重庆新金课教育科技有限公司的大力支持，得到了酉阳时代国际大酒店、酉阳金银山度假酒店、青艾文宿等单位领导的关心和支持，谨致以诚挚的谢意！

期待本书通过对民宿服务的系统性阐述，能够为培养民宿人才提供系统的培训指导，为我国民宿业提升服务质量、实现个性化发展与规范化管理并举提供有益的思路借鉴；同时也为促进乡村旅游业的繁荣发展、助力乡村振兴尽绵薄之力。

由于编者水平有限，本书难免有不妥之处，恳请广大读者批评指正。

编者

2021 年 9 月

目录 CONTENTS

001
项目一 认识民宿

  任务一 民宿概述 / 002   任务二 民宿的发展历程 / 010

015
项目二 筹备（开办）民宿

  任务一 民宿调研 / 016   任务三 民宿开办程序 / 045
  任务二 民宿选址 / 031

054
项目三 民宿接待服务

  任务一 民宿服务内容 / 055   任务五 餐饮服务 / 079
  任务二 管家服务 / 062   任务六 其他服务 / 081
  任务三 前台服务 / 066   任务七 民宿服务的特色 / 085
  任务四 客房服务 / 070

088
项目四 民宿管理服务

  任务一 客户关系管理 / 089   任务三 危机管理 / 102
  任务二 沟通管理 / 094

110
项目五 民宿运营服务

　　任务一　组织运营管理 / 111　　　　任务二　品牌文化建设管理 / 126

135
项目六 民宿安全服务

　　任务一　消防安全管理 / 136　　　　任务四　急救知识 / 166
　　任务二　食品安全管理 / 153　　　　任务五　应急突发事件的处理 / 176
　　任务三　煤气安全管理 / 164

参考文献 / 186

项目一

认识民宿

项目概况

　　民宿作为新兴住宿方式，也在被更多的人选择与接受。近年来，我国的民宿业快速发展，随着人们生活水平的提高，人们在解决基本的物质生活需求之外，开始追逐更高的精神文化生活，开始走出家门，走遍祖国的全国各地，体验当地的历史文化与风土人情，感受不同地区的区域文化等。人们的吃、住、行、游、购、娱是旅游的六大因素。与旅游最密切的是吃和住，人们对住宿的要求不仅仅是能够睡觉，更希望从住宿环境上获得身心的愉悦。民宿概念的出现至少可以追溯至半个世纪以前，一般认为民宿起源于西欧，英国西南部与中部人口较稀疏的农家，为了增加收入开始出现家庭式的招待，这就是最早期的民宿。民宿是一种全新的业态，是具有浓厚的人情味、家庭温馨感或者个性化的住宿设施，并结合当地的人文、自然景观、生态、环境资源等，给客人一种新的生活体验，与主人有一定的交流，经营规模较小等的一种经营模式，是一个地域文化的载体。

　　如今，人们越来越喜欢个性化、定制性的服务，喜欢有新鲜感的体验，于是不断产生了一批自主性、服务有差异性的特色住宿经营者，民宿也越来越成为旅游住宿的首选。

任务目标

【知识目标】

1. 了解民宿的起源。
2. 掌握民宿的定义及特征。
3. 掌握民宿的特点。
4. 了解民宿与乡村农家乐的区别。

【技能目标】

1. 能准确判断出哪些属于民宿。
2. 能准确判断出民宿的类型。
3. 能结合民宿产业的发展历程和发展现状,判断民宿产业的发展趋势。

【思政目标】

1. 培养学生良好的职业道德。
2. 让学生树立正确的人生观、价值观。

 任务导入

民宿被称为有温度的住宿,它把客人当作亲人,急客人所急,想客人所想,主人参与其中提供亲情般的服务,让客人感受到家的温暖。民宿作为一种全新的住宿形式和生活方式,正被越来越多的人喜欢。

任务一 民宿概述

一、民宿的起源

民宿的起源有很多说法,有研究说来自日本,也有的说来自于法国。探究"民宿"一词,更多地是来自于英国。1960年代初期,英国的西南部与中部人口较稀疏的农家,为了增加收入开始出现民宿,当时的民宿数量并不多,是采用 B&B(Bed and Breakfast)的经营方式,它的性质是家庭式的招待,这就是英国最早的民宿。

民宿是起源于欧洲乡村地区的一种旅游业态,最初以提供简单的住宿与早餐为基本模式。经历多年的发展,民宿从乡村走向城市、从农场走向景区,成为区域性旅游品牌及核心吸引物的重要构成部分。

与酒店相比,民宿具有更多的舒适性和自由性,住在民宿里就像住在家里一样，因为民宿从装修装饰到服务都是以为住户提供家的温暖和舒适作为目标的。住在民宿里，能够让游客体会到当地风情和当地人的热情。

二、民宿的定义

谈到民宿，大家都会想到乡居、田园或高山森林中的老房子。它在某种程度上进行了重新设计，里面有人居住，便成了民宿。我国台湾地区的《民宿管理办法》，将民宿定义为"利用自用住宅空闲房间，结合当地人文、自然景观、生态、环境资源及农林渔牧生产活动，以家庭副业方式经营，提供旅客乡野生活之住宿处所"。除了一般常见的饭店以及旅社之外，其他可以提供旅客住宿的地方，例如民宅、休闲中心、农庄、农舍、牧场等，都可以归为民宿类。对于消费者而言，民宿产品区别于标准化住宿产品的地方在于不仅实现"住"的功能，同时通过环境的营造和提供个性化服务，使消费者身心舒展、感受到有别于日常生活的旅游体验。

民宿的定义有广义和狭义之分。广义的民宿是指利用自有住宅空闲房间，结合当地的文化，以家庭副业方式经营提供住宿、餐饮等服务场所，强调产权的自由性和经营的副业。狭义的民宿是指具有独特吸引力的小型旅馆住宿接待设施，强调的是主题的特色性。

在我国，民宿一般是指广义的民宿。此定义完全诠释了民宿有别于旅馆或饭店的特质，民宿不同于传统的饭店旅馆，它也许没有高级奢华的设施，但能让人体验当地风情，感受民宿主人的热情与服务，并体验有别于以往的生活。个性化经营是我国民宿的主要特征，民宿通常在建筑和装修风格上具有浓厚的当地特色或店主个人特色；在经营项目上，通常可以提供自助烧烤、采摘农作物、集体娱乐活动等体验性或自助式项目。

三、民宿的特征与类型

民宿一般是小规模的住宿设施，具有家庭般的住宿氛围，结合本土地域文化，价格差异大，有特色。民宿的特征是个性特征张扬，文化特征明显，平民特征突出，"乡愁"味儿浓厚，观赏性、体验性和研究价值并重。民宿的特征，也是民宿的吸引力与生命力所在。我国的80后、90后、00后是旅游民宿主要的消费群体。相关资料统计显示，民宿用户住宿目的仍以休闲度假为主，占比近六成。同时，人们在选择民宿时，会较多地关注价格、居住体验感和房屋性能等，而价格低廉、产品性能好、房源数量多正是民宿发展的优势。民宿的客群结构中,以上班族及学生群体为主体,他们追求性价比高的民宿,而职场高管及文艺从业者追求高品质民宿消费为主。

(一)民宿的特征

1. 个性特征张扬

从本质上讲,民宿就是民居,就是老百姓的住宅。百姓分布各地,接受不同文化、不同风俗、不同传统、不同家教的熏陶,在选择和建设自己的住宅时,无不受到这些熏陶的影响,显得各具特色。此外,由于是民居,是老百姓自己的房子,较少受到来自各方面的干扰,所以在选址、朝向、设计、用料、内饰、规模、体量等方面,都充分体现主人的意愿。如图1-1、图1-2所示。

图1-1(见彩插1)

图1-2(见彩插2)

2. 文化特征明显

民宿是一种建筑,而建筑是一种文化,是文化的物化表现形式之一。因此,民宿虽然个性化特征明显,但脱离不了当地文化的影响,在外观、建筑风格、内部设施等方面都能体现本土文化特色。

3. 平民特征突出

民宿是由老百姓的房子演变而来的,它的过去就是民居、民房。在没有"民宿"一说之前,即便是接待客人,也是属于"留宿""搭铺"性质,是行善事、做好事,没有多少商业性质的成分。正因为它不是以盈利为目的,所以也不会刻意"打扮",而是"我怎么住客人也怎么住",以"素颜"待人,以本来面目待客。由这种民居脱胎而成的民宿,尽管千变万化,但万变不离其宗,它的平民化特征是变不了的。

4. "乡愁"味儿浓厚

民宿历史痕迹明显,乡土气息浓厚,贴近甚至融入百姓生活,因此很容易引起人们的思乡之情,勾起人们的儿时回忆,是典型的"乡愁"型旅游产品。

这是民宿的典型特征，也是民宿的吸引力、生命力所在。

5. 观赏性、体验性和研究价值并重

民宿往往是一段历史的截图，一种文化的化石，一种风俗的遗存。同时，住民宿可以体验当地百姓的生活，领略当地的民风民俗，品味地道的当地美食，其体验性不同于住宾馆酒店。此外，有的民宿由于其历史性、文化性特征，具有较高的研究价值。

（二）民宿的类型

1. 按发展类别分类

（1）传统民宿。多以民间百姓的民居为依托改造而成。这类民宿在外观上基本保留原貌，内部进行适当的改造装修，是民宿当中的主流。

（2）现代民宿。以新建为主，一般依照当地的建筑风格辟地新建，也可移植域外名宅、名村，形成反差效应，增强吸引力。

2. 按地理位置分类

（1）乡村民宿。分布在广大农村，具有比较浓厚的"村"味。也可以把建在城市或城郊的、按照乡村风格建设的民宿称为乡村民宿。

（2）城市民宿。坐落在城区，它可以是城中的古民居，也可以是城市居民利用自家空余房以家庭副业的形式对外接待客人的民房。

3. 按服务功能分类

（1）单一服务型。单一服务型是指只提供住宿服务，此类民宿一般紧靠大型景区、旅游综合功能区和城市，因为所依托的区域旅游功能比较齐全，住宿以外的服务能够方便地得到解决。

（2）综合服务型。综合服务型是指除住宿外，还能满足其他的服务需要，如餐饮等。有的民宿自身就是旅游吸引物，除解决吃、住外，本身还有观光休闲、养生等功能。

4. 按规模分类

（1）居家散落型。这类民宿的主要功能是居家，即房屋主人还住在该处，在满足居家条件的前提下，把多余的房间整理出来做接待客人用。其特点：一是家庭味浓，跟房主家人住在一起，过的是家庭化的生活；二是接地气，住的是真正的百姓家，能更好地了解当地的民风民俗，了解、融入百姓的生活，使旅游更具体验性；三是服务家庭化，住在百姓家里，其每个家庭成员都有可能

是服务员；四是无规则，分散布局，星星点点散落在村庄里、街道上。

（2）单独打造型。即一两户人家选择一合适的地点建造几栋民宅打造成民宿。这类民宿多见于交通要道旁，多以提供特色餐饮为主，兼作住宿。其功能往往比较齐全，除食宿外，还注意环境和景观的打造。

（3）小簇集群型。把一个村庄、一条街道或者其中的一部分进行整体规划，连片打造成民宿。这类民宿主要依托的是古村古镇、民族地区。其特点是有规模，有特色，且管理比较完善。

（4）连片新建型。即完全在一块新的土地上，规划建设成片的民宿。这类民宿有的移植国内外某一名村名镇异地打造，如深圳东部华侨城的茵特拉根小镇；有的是恢复已经消失了的历史名村名镇；有的是根据某一文化主线或某一特色资源打造的特色小镇。

5. 按层级分类

（1）一般民宿。这类民宿主要以居家民宿即传统民宿为主，其特点是原始、朴实、真实。原始即原封不动地保留建筑物的原始状态；朴实即对民宿的外观、内饰不做或少做改变，把民居的本来面貌展现给游客；真实即如实地展示建筑风貌、特色，如实地展示原始的生活状态。

（2）精品民宿。精品民宿主要体现在一个"精"字上。与一般民宿不同，它在保留原建筑物外观特色的基础上，对内部装饰会作较大的调整，体现一种"金包银"的状态。一是设计精，按照现代人的生活需求进行设计。二是用材精，在选材用料上讲求高档。三是特色精，体现当地的风俗，有文化底蕴。这种民宿的美感度、舒适度、享受度甚至胜过高星级宾馆。

（3）潮流民宿。笔者把根据异国异地、名村名镇建设的、恢复重建的古村古镇和主题主线清晰的民宿归类为潮流民宿。一是它具有文化上的差异性，在此地可以领略体验异地、异国的风情风貌；二是它具有体系上、文化上的完整性，可以完整领略村镇的结构体系、建筑风格和文化风情风貌。这类民宿，往往是年轻人追逐潮流的目的物。

6. 按产权分类

（1）私有民宿。是指产权在每家每户，属个体私人所有，其主体是大量的民居型民宿。它们产权归个人所有，自主管理，自主经营，自负盈亏。

（2）集体所有民宿。集体所有民宿也分几种，一种是产权为宗族、家族集体所有，如南方地区的客家围屋。这种围屋规模大，房间多，功能全，历史较为悠久，由于牵涉的家庭多，一直没有进行产权分割。用这种民居改造成的民宿，其所有权为家族集体所有，一般由家族组成理事会进行管理和经营。另一种是我国不少农村还保留了集体所有制的民居，用这种民居做成的民宿其产权仍归集体所有。

（3）国有民宿。国有民宿是近些年来新出现的民宿类型。主要是各级政府的国有企业收购的民居或新建的成片民居。

（4）社会民宿。社会民宿主要是指由社会资本，如私营企业、企业集团等投资建设和经营的民宿。它一般具有一定的历史年限，比较多地保存了当时当地的建筑风格和文化遗存，具有一定的历史文化价值和研究价值，是民宿当中的主流。

（三）我国特色民宿的类型

1. 赏景度假型民宿

即结合自然的景观或是精心规划的人工造景建造的民宿，如重庆洪崖洞民宿、解放碑一线江景房等。

2. 住客体验型民宿

由民宿经营者带领住客体验制作活动，包括制作陶器、绘画等，游客可亲手创造作品，体验乡村或现代的艺术文化。

3. 乡村体验型民宿

在传统的农业乡村中，除提供有农村景观、体验农家生活之外，并有农业生产方面的体验活动，配套观光果园、菜园、茶园等。在乡村小住数日，放松心情，愉悦身心。体验农事活动，更是住客难忘的假期。

4. 温泉民宿

温泉民宿的每间套房各具特色、宽敞再加上大的泡池并设有按摩、冷热池设备，旅客可自行操作。在温泉民宿如同回到家的感觉，尽情地放松心情，让大自然做最好的医疗师。

小知识

特色民宿有哪些体验项目

为吸引游客，特色民宿可以提供各种体验活动，体验项目均系以特定农作业或地方生活技术及资源为主题，诸如：农业体验、林业体验、牧业体验、渔业体验、加工体验、工艺体验等。

1. 农业体验：种水稻、打谷子、种蔬菜等。

2. 牧业体验：喂养猪、山羊、山鸡、兔子等。
3. 渔业体验：饲养金鱼、乌龟、螃蟹、虾子等。
4. 加工体验：推石磨磨豆腐、油炸土豆等。
5. 工艺体验：西兰卡普制作、插花、制作竹背篓、制作竹摇篮等。
6. 自然体验：大草原游玩、采摘水果等。
7. 民俗体验：哭嫁习俗、耍龙灯、跳摆手舞等。
8. 运动体验：滑雪、登山、骑自行车、跳绳等。

四、民宿与乡村农家乐的区别

农家乐是一种新型的旅游休闲形式，是农民向城市人提供的一种回归自然从而获得身心放松、愉悦精神的休闲旅游方式。农家乐的主人利用当地的农产品进行加工，来满足客人的需要，成本不高，所以消费不高。而且农家乐周围一般都是美丽的自然或者田园风光，空气清新，环境舒适，可以使住客放松心情。农家乐的特点是内容丰富有特色，投资小，消费大众化，发展较快，深受人们的欢迎。

民宿是民宿主人参与接待，为外出郊游或远行的旅客提供体验当地自然、文化与生产生活方式的个性化住宿场所。

农家乐完全是小微，是原子化、碎片化的；但是民宿不同，民宿是一种整合，一种提升。民宿姓民，借助民间闲置设施，利用民间资金建设，为民众的新兴需求服务。民宿在乡，利用乡村环境，追求乡村意境，超越传统乡村，提供新型生活方式。所以说到底，民宿提供的是一种新型生活方式，超越了城市的生活，超越了紧张的工作，也超越了农村的传统生活，创造了一种新型的生活方式。民宿非宿，住宿是主体功能，但不是唯一功能，多元化感受，深层次体验，根本在于差异化。民宿与城，民宿是城市的延伸，现在多数民宿都是城里人建设，城市人享受，日常休闲，乡村度假。所以，农家乐经营管理比较粗放，注重消费。民宿需要主人投入更多的精力，让客人感到宾至如归，感受到家的温馨、家人的关怀。

主要区别如下：

（1）农家乐、民宿是休闲度假旅游中的不同业态发展阶段。

（2）农家乐发展相对比较缓慢，各方面实力及能给用户提供的需求还较单一。

（3）民宿需求点明确，经营及管理等模式都远远超过农家乐，为用户提供的不仅仅是需求，而是更高端的服务。

五、酉阳民宿

2018年以来，酉阳在桃花源、龚滩、黑水、板溪、木叶、毛坝、花田、楠木、两罾、酉水河等旅游乡镇，采取"以奖代补"方式，大力发展"青艾""桃源人家"精品民宿。一大批接待类"青艾文宿""青艾林宿""桃源人家"、体验种植类"桃源人家"、商业类"桃源人家"和休闲服务类"桃源人家"应运而生。

"桃源人家"民宿包括集住宿、餐饮于一体的接待类"桃源人家"，商品型和商铺型的商业类"桃源人家"等。该地积极探索综合型、复合型乡村民宿和为游客提供特色餐饮、特色民宿、旅游商品、休闲康养、互动体验、民俗文化等旅游配套产品的"桃源人家+"模式。

全县有"青艾文宿""青艾林宿""桃源人家"民宿1478户。

在酉州古城一号院和二号院，"青艾文宿"以文化的气韵，飘动的禅意，中式的风格，海派的庭院，典雅的装饰，吸引着人们前往古城，沉浸在青艾土家吊脚楼的浪漫里。

古城的民宿叫青艾文宿，是因为酉阳是世界青蒿之都，青蒿、艾蒿名扬天下。2018年，为完善景区配套服务设施，提升服务品质，景区将古城原九公馆、四号楼、一号院和二号院的100余个房间集中打造成青艾主题民宿，自投放市场以来，订房率保持在90%以上。

2021年，在酉州古城、金银山、二酉山、小坝新城全面铺开"青艾"民宿建设，加快推进金银山产权式酒店"青艾文宿"和森林木屋为主体的"青艾林宿"装修工作，全力打造重庆渝东南民族地区首个民宿旅游目的地。如图1-3所示。

图1-3（见彩插3）

> **任务实训**

活动：带领学生去酉阳的各个民宿进行参观体验

民宿名称	民宿类型	民宿特色（主题）	民宿的优点
青艾民宿（民俗文化）			
桃源人家（花田何家岩）			
毛坝群贤居			

项目要求：要求学生认真观察所走过的民宿，认真分析民宿的特点、民宿的主题、文化内涵。

项目流程：先到城内的民宿，再到乡村的民宿。

复习与思考

1. 民宿的概念是什么？
2. 民宿的特征及类型有哪些？
3. 民宿与农家乐的区别有哪些？

任务二　民宿的发展历程

一、民宿产业发展历程

整体来看，世界民宿发展经历了20世纪60年代的英式，20世纪70年代的美式家庭旅馆，20世纪70～80年代起日本、我国台湾民宿发展繁荣，再到我国大陆地区民宿产业近年来快速发展的各个阶段。

我国的住宿业起步较晚，在1980年以前，住宿产品以国营饭店、招待所为主，到了1983年，第一家中外合资的五星级酒店才在广州拔地而起。我国民宿发迹于20世纪80年代，经历了三大发展阶段，分别为：以农家乐为主要特征的初始阶段；以产权和经营权分离、依赖"主人文化"的快速增长期；高端化、专业化、品牌连锁化为特征，以民宿群落为主的品质提升期。民宿自从2015年诞生之后就呈现井喷式发展，但是几家欢喜几家愁，民宿虽然受欢迎，但是真正能盈利的民宿也是有限的。

民宿的发展趋势主要体现在差异化和个性化。个性化的彰显主要体现在建筑的设计构造，设计风格，家装、软装，装饰品，配套公区和个性化细节与服务，最重要的还有民宿独有的故事。所以，"非标"成为个性化最好的代名词，住民宿的房客往往不想住标准化的酒店，而民宿是一种全新的生活方式，诠释的恰恰就是个性、自由、随性的生活态度。

随着人民生活水平的提高，旅游产业的高速发展，民宿业成为旅游市场的"新星"。民宿最早起源于英国，20世纪60年代英国西南部与中部人口，为了增加自己的收入，开始为客人提供住宿和早餐，成为最早的民宿类型。欧洲地区以英法为代表，美国、日本与我国台湾地区发展时间长，体系较完善。英国自称是民宿的创造者，并引领了全球高端民宿的发展。英国民宿虽然发展得很早，在20世纪30年代就出现了廉价的寄宿家庭，然而由于缺乏明确的定义和行业发展组织，以及青年旅舍、汽车旅馆、经济型酒店等快速发展，民宿发展长期处于边缘。在2008年，全球最大的共享住宿平台诞生于美国，民宿这种接待方式与网络相结合，被注入了全新的发展动力。

2013年以来，我国乡村旅游快速发展，民宿成为一个大受欢迎的投资领域。我国民宿的规范发展始于2015年。目前，我国民宿分布主要集中在浙江、广西、云南等地区，北方较少，主要集中在旅游景区周边依托旅游景点，如农家乐、客栈、旅社等。

二、民宿的发展现状

社会的发展往往取决于社会经济发展、技术进步和人们需求三个维度，同时受文化背景影响较大，综合表现为人们的选择。民宿的发展也不例外，它始终与人们的需求密切相关，是社会经济、文化背景、技术发展程度和旅游者需求共同作用的结果。所以，随着社会的发展、技术的进步以及人们需求的变化，民宿也不断进行着发展演变。不同时期的住宿选择代表了旅游者不同阶段的住宿需求，不同的阶段有不同的表现，其发展历程也从侧面反映了社会的发展变化和人们需求结构的变化。

（一）国内民宿现状

1. 民宿发展的背景

近几年民宿发展非常火热，主要是因为市场需求旺盛和政策的推动。

首先市场需求不言而喻，目前大家追新，以及追求个性化住宿体验的市场需求正在飞速增长，所以巨量的市场需求在推动民宿业的发展。另外，从政策层面来说，2015年11月，国务院办公厅印发《关于加快发展生活性服务业促进消费结构升级的指导意见》，这是我国推动生活性服务业发展的第一个全面、系统的政策性文件，是适应人民群众消费升级需求、推动生活性服务业全面提升规模、品质和效益的总体部署。我国国家领导人也亲自下乡，多次提出要建设美丽乡村的愿景。政策的红利和需求的增长，推动民宿业近几年在中国快速发展。

2. 民宿特色

我国民宿有选址小众化、运营非标准、产品体量小的特色。

在我国，民宿非常多元化，有业主、投资方、运营者各司其职，可以理解为是一种酒店式，或者说偏向于酒店式的一种运营模式。另一方面，在行业规范方面，我国针对民宿的行业规范和法规有一定的空白。这也导致了在我国很多的民宿产品在品质上出现了良莠不齐的现象。目前还没有一个行业规范来约束民宿行业。最后不得不提到大众消费的跟风效应，造成了中国民宿在投资上更追求一种短期速效，没有长远规划。

3. 供给方的角度解读现在我国的精品民宿现状

民宿群都分布在哪里？在中国有 11 个区域，都是现在中国精品民宿很集中发展的区域。如果一定要挑三个地方来说的话，一个是滇西北的民宿集聚区，突出代表就是丽江，很多民宿的原生品牌都是从丽江发展起来的。第二个是长三角的民宿，最突出的一个典型是莫干山和杭州周边的区域，应该说它们名副其实是中国最贵民宿的一个集聚地，也是发展最成熟的一个区域。第三是海岸民宿带，由于这些地方半岛海湾很多，包括群众的消费能力也比较高，交通又很顺畅，在发展民宿方面有很好的一个先天性条件。突出代表就是厦门的鼓浪屿区域，其实是民宿的一个集聚区。

4. 民宿存在的误区

从产品来看，总体来说民宿具有规模小、选址精、特色强的一个特点，但是民宿在哪些方面存在不足呢？除了一些可圈可点的作品以外，其实大多数民宿都面临着缺乏核心竞争力这个比较严峻的问题，其中还存在着一定的误区。

首先是设计至上的误区，民宿大都是设计师处于对作品的偏好所做的产品，非常注重外在的形态。而且有一些跟风者甚至把莫干山的知名民宿的样子，照搬到其他一些地方去，形成形似神不似的效果。但是消费者对于这种形态已经产生审美疲劳之后，对于内核的追求正在不断地提升。第二个误区是什么呢？民宿不仅仅是提供住宿，日本的民宿更鼓励的是接地气的活动，甚至结合当地的人文、乡村去展开一些活动；但我国的大多数民宿在这方面做得相当有限，把民宿的功能局限在了住宿上，这也是一大误区。

（二）民宿现阶段的盲点和亮点

1. 民宿现阶段的盲点：卫生不好排第一

民宿自发发展存在很多盲点，所以消费者觉得民宿要改进的地方有许多。如卫生环境条件往往不足，是排第一的。可供选择的餐饮较少等。这些因素都是精品民宿需要改变的。

2. 民宿的亮点

民宿的亮点，一个是亲子，一个是体验共享。为什么莫干山的民宿那么火爆，是因为莫干山的民宿有一个非常独特的空间形态：都是几间房间，加一个私密的公共空间，让几户人家可以在那里共享体验。另外，历史文化、人文等也是民宿必须要去承载的。

总结有三点：①民宿的选址是最重要的，你选址选对了，后面的事情很轻松。②设计不仅仅是风格的设计，要跟环境融合，而且细节、硬件都要做好。③要体现你的用心，不要礼节很强的服务，就要一种亲切感。

（三）民宿的发展趋势

随着互联网技术和智能虚拟技术的快速发展，在共享经济的浪潮下，民宿产业不断发展，早期的民宿产品已经不能适应市场需求，丰富民宿产品内涵成为大势所趋。民宿的休闲功能和社交功能也成为影响旅游者进行民宿选择的主要因素，民宿也开始重视服务体验场景化和目的地化，也就是民宿开始逐步成为旅游者出游的动机。很多人开始为了体验某一家或者几家民宿，而选择去某地旅游，然后再以民宿为中心，开展在周边的一些旅游活动，也就是从通常所说的"因为一座城，爱上一家民宿，入住一家民宿"，转变成"因为一家民宿，爱上一座城，来到一座城"，而最典型的就是浙江莫干山的"裸心谷"。裸心谷以上海市为主要目标客源市场，以"安静+自然+放松"的裸心生活休闲方式为意象，借助全渠道营销，特别是社交网络的传播营销，让裸心生活方式取得了巨大的成功。裸心谷最成功的地方是改变了旅游者对民宿的认知，让去莫干山的旅游者并非是为了去莫干山旅游而选择住宿，而是因为选择了民宿而去莫干山。

现在民宿的发展趋势正在逐步地向服务场景化发展，就是依托于现代网络技术和智能虚拟技术，以旅游者休闲体验需求为核心，根据民宿所在地自然、文化旅游资源，深入挖掘民宿产品，使民宿走上更加具有个性化的、讲究情怀、有温度的发展道路。因此，当前民宿行业发生着重大变化，主要体现在城市民宿的兴起、高端民宿的发展、民宿品牌化现象日益突出。总之，随着社会的发展，民宿也在不断地发展演变，以满足旅游者消费需求的变化。

 任务实训

　　同学们利用空闲时间搜集民宿的发展情况，预测将来民宿会往哪些方面发展。

复习与思考

1. 民宿发展存在的误区和盲区有哪些？
2. 民宿发展的趋势有哪些？

项目二

筹备（开办）民宿

项目概况

做民宿除了要有情怀、有故事、有服务之外，民宿所在地的客观条件是民宿能否成功成长的基础。因此，在筹备开办一家民宿之前，要先调研，确定民宿的开办地址，并熟悉开办民宿所需要的程序，这样才能事半功倍，让自己的民宿成功成长发展。

任务目标

【知识目标】

1. 了解民宿市场调研的目的和内容。
2. 了解民宿选址的重要性。
3. 理解民宿选址必须考虑的因素。
4. 了解民宿创办的手续和步骤。

【技能目标】

1. 能利用所学知识进行民宿市场调研。
2. 能根据民宿选址必须考虑的因素来确定民宿选址。
3. 能运用所学知识申请创办民宿。

【思政目标】

1. 培养学生良好的职业道德。

2. 培养学生良好的工作责任意识。

3. 培养学生良好的观察力和记忆能力。

 任务导入

赵先生准备开办一家民宿，他想在 A 区和 B 区这两个位置中选择一个位置租房来开办民宿。

赵先生的想法是投资民宿，自己喜不喜欢不重要，重要的是游客喜欢。因此，赵先生以游客视角，对 A 区和 B 区的民宿项目进行了全方位的实地考察。

他在 A 区和 B 区都挑了一个民宿换着住：一处是运营时间最久的，一处是刚刚投入运营的。

他计算了机场到民宿的时间，下了地铁步行到民宿的距离，全部做了记录，入住期间还随机"采访"了几名住客，询问入住感受，评估这两家民宿的运营能力。

他首先步行前往 A 区民宿所在地，感受周边环境。A 区民宿周边很繁华，隔两条马路就是区域最核心地段，他对地理位置很满意。不过民宿不远处的高架桥让他有些担心，他担心民宿周围的噪声会影响游客入住，因此他专门下载了一个测分贝的 APP，连续三天，在早上 8 点和晚上 11 点左右，到 A 区民宿附近测一下噪声。同时他每天都会去 A 区附近感受人流，并去附近的民宿和酒店观察游客的出入量。他还跟景点附近的店铺主人聊天，听到他们说这两年游客越来越多，收入越来越高，他又放心不少。

之后，他又按照同样的方法去 B 区民宿所在地进行考察体验，一番体验下来，综合考虑了 A 区和 B 区项目本身的地理位置、性价比、其他附加值等问题，A 区内的民宿综合体验比较好，于是他最终决定在 A 区投资开办民宿。

任务一　民宿调研

一、调研背景

民宿被称为有温度的住宿、有灵魂的生活。民宿作为一种新型而具有特色的接待形式，通过温馨而亲民的方式为游客提供更加具有地方特色的旅游体验，在最近几年内以迅猛之势崛起，被越来越多的人接受并且喜欢。民宿这种小微住宿形态正在吸引着多方的关注和思考、尝试与实践。由于我国民宿发展时间不长，服务管理标准尚在不断完善；部分民宿业主及从业者缺乏系统的住宿服务知识与培训，在管理层面也缺乏系统的规范，因而导致当前民宿服务管理水平良莠不齐。同时，随着民宿的需求越来越大，很多人都有开办民宿的想法，有一种创业的梦想，但是开一家民宿并不是一件容易的事情，需要做各方面的准备，因此在开办民宿之前，需要对民宿产品市场进行市场调研。

没有调研就没有发言权，民宿市场影响因素众多，唯有深入调研后才能找到真正的市场切入点。因此，在民宿筹备前期，要对目标市场进行调研，只有通过调研，了解民宿行业的基本信息，才能在投资开办民宿时做到心中有数。

二、调研目的

通过市场调研，可以客观全面地收集各类民宿的相关信息，对收集到的信息进行分析整理、总结提炼，最终形成理论与实践相结合的结论和建议，供决策者参考。

比如，对民宿市场消费者进行调研，可以帮助民宿经营者找到自己的精准消费群体以及潜在的消费群体在哪里，根据不同的消费者，民宿经营者在日常营销方面采取不同的策略，可大大提高民宿经营的成功率；对民宿竞争对手进行调研，可以了解到竞争对手民宿产品的市场经营情况、运营策略、市场占有率等信息，经过比较分析，可以十分清楚地了解到竞争对手的实力和不足，为自己开办民宿提供经验教训。

三、调研内容

（一）民宿消费市场客流量情况调研

民宿消费市场客流量情况应从宏观和微观两个方面去调研。宏观方面可以从国家经济形势和民宿行业发展趋势进行调研分析；微观方面可以从所在地的民宿市场需求以及行业竞争形势进行调研。

要想获取准确的民宿消费市场客流量情况，最有效的途径是民宿投资者从地方旅游局发布的信息中获取以下数据：

（1）区域内年客流量、客流量月份分布、淡旺季分布、客流量年增幅等情况。

（2）客流量和往年同期相比较，是上升、持平还是下滑？

（3）调查客源地客人在当地的停留天数。

民宿消费市场客流量情况决定了民宿的定位，民宿定位是民宿投资建设的前提，可以为民宿的建设提供方向和道路。通过调研，可以获取较为准确的民宿消费市场客流量情况，并且通过认真分析区域内的经济发展水平和旅游资源条件，可以以此来确定是开办经济型民宿、中档民宿、高档精品民宿还是轻奢型民宿。

（二）民宿所在地民宿业态调研

民宿消费者大部分是周边城市过来的客人，民宿投资者应调查以下几方面：

（1）民宿所在地周围城市的数量有多少个？经济水平如何？是否有旅游的习惯？出行的频率如何？

（2）民宿所在地的旅游业态是传统观光游还是休闲度假游？

（3）民宿所在地吸引游客的资源条件有哪些？

（4）民宿所在地的景区品质如何？

（三）民宿所在地交通情况调研

民宿是一个需要消费者到达后才能消费的行业，消费者到达民宿是否便利、到达民宿所花费的时间是否适度是民宿经营成功与否的两个很重要的因素。因此，需要对民宿所在地交通情况进行调研。通过调研，可以了解到交通工具是否灵活多样，行程时间是否适度，到达民宿体验是否轻松，这些因素一定程度上决定了民宿消费者是否愿意到店住宿。

一般而言，民宿消费者要求到达民宿所在地可以选择多样的交通工具，比如公路畅通可通车，有高铁、飞机、火车等交通工具，同时确保各种交通工具能够无缝对接；对于观光游或景区配套的民宿，消费者到达时间不超过30分钟；对于城市近郊自驾休闲游的民宿，客人开车时间不超过2小时。

民宿投资者可以从以下三个方面进行交通情况调研：

（1）民宿周边是否有机场、高铁、高速公路等。

（2）客人从周边城市过来最多需要多少小时的车程。

（3）客人是直达还是需要换乘？换乘是否方便？

（四）民宿所在地自然环境调研

自然环境是指由水土、地域、气候等自然事物所形成的环境。民宿投资者应做好所在地的自然环境调研。

1. 气候环境

以度假游客人为主要客源的民宿，气候是一个重要条件，气候是比较稳定的一个因素，长时间段范围内不会发生剧烈变化，因此客源是比较稳定的。民宿经营者可以根据气候来制定自己的经营模式和营销策略。

有些地方气候适宜，可以延长民宿的运营时间。比如云南省普洱市，由于受亚热带季风气候的影响，这里大部分地区常年无霜，冬无严寒，夏无酷暑，四季如春，这种适宜的气候可以延长民宿的运营时间，确保民宿有稳定的客源。

有些地方四季分明，冬季长的区域，民宿运营时间较短。比如，中国北方的部分区域，属于季风性气候，夏季炎热，冬季寒冷；青藏高原地区，自然条件较为恶劣，适合营业的日期较为有限，都难以形成全国性大规模民宿集群。

2. 生态环境

休闲度假游类型的民宿消费者大部分来自城市，对民宿所处地的生态环境要求较高：要求民宿所在地自然环境没有遭受破坏；周围没有过多违和的建筑物；需要空气好、水质好、周边环境好。最终，要确保民宿内外部环境能够给客人带来舒适的入住体验。

3. 景观资源

景观资源是指能够给客人带来美好体验的环境事物，一般而言，如果民宿所在区域有旅游景区、旅游景点，推开窗户就能够看到优美的自然景观，那么一定能吸引游客前来住宿。如果民宿所处区域有独特的景观资源，比如有一个5A景区或者有一个世界遗产景点，那么该地的客流量往往比普通区域的更多，更有竞争优势。

（五）民宿所在地投资环境调研

投资环境是指影响民宿投资的一些客观条件，影响民宿投资环境的因素有很多，主要是当地政策和配套设施这两个方面。

1. 当地政策

当地政府的态度决定了民宿能否健康持续发展，只有符合政策大环境，民宿投资才会有保障。由于每个地区的政策不同，民宿投资者在前期就应对当地政策做好调研，了解当地政府对民宿的态度，是积极支持还是放任不管。比如，当地政府是否有客栈民宿管理条例，办理各种证件的流程及难度大小等。

目前，借着乡村振兴和乡村旅游发展的东风，乡村民宿迎来政策红利。各级地方政府积极响应"十四五"规划的号召，接连出台鼓励当地旅游及民宿发展的相关政策。在国家相关政策法规的支持和引领下，国内民宿行业政策越发明朗，市场规范化进程加快，优先发展乡村民宿的同时，城市民宿也迎来发展新契机。比如，2019年12月，北京市文化和旅游局、市农业农村局、市公安局、市规划和自然资源委员会、市住房和城乡建设委员会、市卫生健康委员会、市市场监督管理局、市消防救援总队等单位联合印发了《关于促进乡村民宿发展的指导意见》(以下简称《指导意见》)。《指导意见》提出，到2022年，实现北京市乡村民宿从规模到质量的全面提升，力争在全市推出一批乡村精品民宿，打造一批乡村民宿特色乡镇，提升全市乡村民宿接待能力和服务水平。《指导意见》突出"规划引领、有序发展，生态优先、绿色发展，业态融合、品质发展，政府引导、市场主导，共建共享、以农为本"的基本原则，对制约乡村民宿发展的住宿经营合法性问题、审批监管问题等进行了重点研究，明确了乡村民宿准入条件，包括经营主体、经营用房、生态环境、公共安全、从业人员、规范经营等方面的内容。同时，优化审批流程，强化事中事后监管，加强政策支持引导，为北京市乡村民宿持续健康发展提供政策保障。

> **小知识**
>
> **2021年全国各地出台的关于民宿发展的相关政策**
>
> 2021年1月15日，郑州出台《郑州市乡村旅游民宿高质量发展实施意见》，着力开发建设不同类型、不同主题的"慢生活、微度假"乡村旅游民宿集群，促进乡村旅游，助力乡村振兴。
>
> 2021年2月18日，重庆出台《利用存量闲置房屋发展旅游民宿试点方案》，鼓励各区县(自治县)规划旅游民宿试点示范区，探索"民宿+非遗""民宿+艺术"等方式，打造系列重庆本地旅游民宿主题IP；2021年3月10日召开的重庆民宿产业发展推介会，计划到2023年，全市拥有国家等级旅游民宿达到200家，旅游民宿集聚区达到15个，专业化企业10家以上。
>
> 2021年2月25日，国家文化和旅游部发布旅游行业标准《旅游民宿基本要求与评价》第1号修改单，要求简化流程，放宽市场准入，有助于促进民宿产业有序、健康和可持续发展；2021年4月15日，国务院办公厅出台《关于服务"六稳""六保"进一步做好"放管服"改革有关工作的意见》，鼓励各地区适当放宽旅游民宿市场准入，推进实施旅游

民宿行业标准；2021年4月27日召开的国务院常务会中指出，要鼓励企业开发适合农民需要的产品和服务，支持乡村民宿、休闲农业等发展，吸引城市居民下乡消费。

2021年3月15日，海南省出台《海南省乡村民宿管理办法》全面修订版并联合发布，其中指出海南乡村民宿的开办实行市场准入"承诺即入"的备案登记制度，简化并明确开办及备案流程。

2021年3月29日，青岛出台《青岛市旅游民宿管理暂行办法》，回答了旅游民宿发展中面临的诸多实际问题。

2021年5月8日，四川省出台《四川省自然资源厅关于做好巩固拓展脱贫攻坚成果同乡村振兴有效衔接的通知》，鼓励对依法登记的宅基地等农村建设用地进行复合利用，发展乡村民宿、农产品初加工、电子商务等农村产业。

2021年5月11日，保定出台《关于促进易县民宿发展三年行动方案》，形成以乡村旅游和新业态项目为支撑的全域旅游发展思路；形成农家乐、采摘园、田园花海、精品民宿等多样化的乡村旅游产品体系。

2021年5月18日，芜湖出台《关于促进南陵县旅游民宿高质量发展的实施方案》，其中提出了对利用闲置农房发展民宿、养老等项目，研究出台消防、特种行业经营等领域便利市场准入、加强事中事后监管的管理办法。

2021年6月16日，北京庆祝中共成立100周年新闻发布会中指出，北京市将以乡村民宿为重点，计划五年评定星级民宿1000家，带动5800余家传统农家乐转型升级，提高乡村旅游现代化服务水平。

2021年6月29日，成都出台《龙泉驿区关于加快推进民宿业发展的实施意见》，提出要加快促进和规范本区乡村民宿发展，提高乡村民宿产业发展质量，推动乡村旅游产业提质增效、幸福美好生活十大工程细化落地。

（资料来源：中国旅游与民宿发展协会《2021年H1国内民宿行业发展研究报告》）

2. 配套设施

调研民宿所在地区域内的配套设施。如民宿所在地的商业氛围如何？水电网、道路、路灯、排水系统、防灾等基础设施是否完善？周边超市、餐饮、公交、银行、娱乐设施、派出所、医院等配套的公共设施资源是否齐全等。

（六）民宿所在地民宿业竞争态势调研

对当地民宿业竞争态势调研，可以从以下几个方面进行。

1. 确定竞争者

（1）直接竞争者。直接竞争者是指市场目标方向一致、客户群体针对性极强、产品功能和用户需求相似度极高的民宿产品经营者。

（2）间接竞争者。间接竞争者是指市场客户群体目标不一致，与自己所经营的民宿产品在功能需求方面互补，但又不是主要靠该产品盈利的民宿经营者。

2. 获取竞争对手及其产品信息

（1）民宿投资者可以从竞争对手的官网、竞争对手的促销活动了解其民宿产品的相关信息。

（2）民宿投资者可以从各大网站上查询该区域内民宿客栈的数量，低、中、高端档次及价格情况。

（3）找出几家可以作为参考的民宿，通过入住体验的方式，了解它们的特点、亮点、吸引点；从消费者的反馈中，了解这些民宿有哪些是可以学习的，哪些是需要规避的；了解这些民宿全年经营情况、淡旺季的处理方法、日常的管理方法、营销方法等信息。

比如，有的民宿围绕其住宿功能，充分挖掘当地文化及周边旅游资源，提供"民宿＋景区/民俗/文化"等差异化的住宿体验，共同作为民宿的核心吸引物。一方面，有助于其延长消费链条，提升每间房的单价；另一方面，利于其在新媒体时代下的用户分享，提升产品口碑及复购可能。再比如，近年来随着游客（特别是年轻客群）的需求趋向多元化，民宿需要从住宿、拍照、影音、互动等多方面来提升产品的整体竞争力。

（七）民宿消费对象调研

消费者是民宿经营的对象，民宿的任何经营活动都是围绕着消费者来展开的。在民宿筹划阶段就必须能够精确知道自己的客人是谁，这一类客人有什么特征，消费习惯如何等。

1. 民宿消费者构成及其特征调研

民宿消费者的构成可以从以下几个方面来划分。

（1）性别。在民宿消费决策中，女性消费者在家庭中占据旅游消费的重要决策地位，追求精神和物质的双重享受，对旅游品质有着较高的需求，愿意为自己的喜好和更好的服务买单。

（2）年龄。通过调研显示，80后和90后是民宿消费的主力军，00后的民宿消费比例也不断上升，正在成为旅游市场消费的新客源。

（3）学历。通过客源属性分析得知，民宿消费者普遍都接受过高等教育，高学历民宿消费者更倾向于追求高质量、精神层面的满足和体验。

（4）收入。通过调研得知，中高等收入群体为民宿主要消费群体。民宿消费者年收入主要集中在10万～15万元，具有一定的经济消费实力，更注重精神层面的满足。

（5）客源。民宿预订平台用户主要来自北京、上海、广州、成都、深圳等一线城市，主要是这些地区的经济更加发达，人们有更多的闲钱进行休闲消费，也更愿意接受互联网与共享经济带来的新兴事物。

2. 民宿消费模式及其行为偏好调研

（1）住宿产品需求偏好调研。目前给消费者提供的住宿产品有：传统的星级酒店、经济型酒店、精品酒店、个体经营型民宿、品牌经营型民宿等。据调查，在住宿产品类型的选择上，民宿类住宿产品获得了半数以上消费者的青睐。同时，与男性相比，女性在选择民宿产品时，更偏爱连锁民宿产品。一方面，连锁民宿产品安全性较高，质量有更高的保障；另一方面，许多网红品牌民宿自带流量，是很多人向往的"打卡圣地"。

（2）预订渠道调研

① 在提前预订方面。根据调查得知，全国范围内大部分民宿用户会选择当天预订入住地点，少部分用户会提前一周以上预订。

② 在预订渠道方面。随着国内民宿市场的不断成熟与发展，民宿预订渠道呈现多样化发展的趋势。民宿消费者获取民宿信息的渠道主要有旅游网站、民宿预订网站、朋友或家人推荐、旅行社等。其中，旅游网站是民宿消费者获取民宿信息的首要渠道。从中国旅游与民宿发展协会发布的《2021年H1国内民宿行业发展研究报告》中的数据来看，绝大部分民宿消费者会通过携程、美

团、途家民宿、木鸟民宿等在线网站了解各大民宿基本情况及相关信息，从而进行房间预订；有的民宿消费者也会通过专业的民宿预订网站直接下单。目前，只有少部分消费者会选择旅行社等传统方式获取民宿信息。

> **小知识**
>
> **民宿市场主要销售平台介绍**
>
> 经过近10年的行业发展、市场的优胜劣汰，目前国内民宿市场有以途家民宿、木鸟民宿为代表的垂直类民宿预订平台，为民宿消费者提供更优质的服务；也有以携程、美团为代表的综合类服务平台，切入了民宿板块，为民宿消费者提供更多住宿选择的同时，分羹民宿市场。
>
> 木鸟民宿：成立于2012年5月，是民宿行业的首批民宿预订平台，目前房源数量为110万套，覆盖海内外700多个城市。该企业的主营产品是民宿预订、网红民宿和四木房源，以85后年轻人用户群体为主，盈利模式比较单一，但在IOS端民宿类榜单排名第一，评分5.0分。
>
> 携程：成立于1999年10月，是一家涵盖票务、交通、住宿等一站式综合服务平台的上市企业，拥有国内外六十余家会员酒店可供预订，是中国领先的酒店预订服务中心。该企业的主营产品是票务、交通、住宿预订服务，以中等收入的已婚人士和女性用户为主，是酒店行业的领头羊。但民宿是该企业的一个小分支，不够受重视，精度深度也不够。
>
> 如程：成立于2019年4月，是旅游会员制特色度假酒店预订平台，用户通过支付一定费用成为会员，免费预订平台房源。该企业的主营产品是民宿会员卡，以高收入的女性群体为主，模式创新，超值权益，但盈利模式不是很明确。

（3）消费价格偏好调研。如果某民宿的目标客户是以学生群体为主，那么房间价格在100～200元之间；如果民宿目标客户是以家庭消费者为主，那么大部分民宿消费者可接受的房间价格是150～450元。但随着经济的发展、广大消费者收入的提升，以及民宿消费者对民宿服务品质的进一步追求，未来民宿产品价格存在一定的上升空间。

（4）民宿房型偏好。目前，民宿业为民宿消费者提供了各种各样的房型，以便最大程度地满足消费者的各种住宿需求。民宿房间类型有：大床、圆床（适合情侣、夫妻等）、单间、标间（适合朋友、团体客人）、多人房、主题房（如亲子房、情侣房、闺蜜房）、家庭房（适合家庭人群出游）、特色套房（适合两个家庭）等。由于民宿消费者大部分以家庭出游、团体出游消费为主，因此，特色套房和家庭房是消费者的首选。

（5）消费决策及满意度影响因素调研。民宿消费者在选择民宿产品时，会受到多方面因素的影响。首要选择有良好的环境及较好的硬件设施的民宿产品，比如是否提供干净的床铺，有无 Wi-Fi、空调等，这是民宿消费者做出选择时最看重的几个因素。同时，民宿周边的旅游资源、交通、服务、餐饮、价格、口碑、品牌等也会对消费者选择民宿产品造成不同程度的影响。

3. 民宿消费对象定位调研

在做民宿目标消费对象定位调研时，主要从以下几个方面进行。

（1）出行人群。情侣、闺蜜、夫妻、朋友、家庭、个人、团体。

（2）出行目的。亲子、社群聚会、商务团体、度假、特色活动等。

（3）出行时间。节假日、平日、年假、家庭节日或个人节日，不同的节假日有什么特别的专属需求。

（4）出行方式。自驾游、乘坐公共交通工具等。

（5）客户特征。性别、年龄、教育程度、性格、职业、地域、兴趣爱好、消费习惯、获取信息渠道偏好等。

（6）客户来源结构

① 地域来源：本地客户、就近周边客户、外地客户、外籍客户。

② 渠道来源：线上、线下、熟客介绍、团队客人（旅行团、商务会议团、培训学习团、活动团）等。

通过调研了解以上信息后，才能清楚地知道自己的客户是谁，有什么偏好；才能更好地对民宿的房型、价格、营销策略、渠道等进行精确的梳理；才能更好地为自己的民宿消费者提供有针对性的民宿产品服务。

四、民宿发展存在的问题

国内民宿行业自 2011 年底出现，在发展过程中存在着各方面的问题，有缺点也有优点，需要看清民宿业本身的缺点及面临的威胁，注意扬长避短。

（一）民宿发展缺乏专业规划的引领

由于没有对民宿发展进行整体规划，也没有对民宿相关旅游配套产品、设施等进行统筹谋划，随着民宿数量逐年增加，民宿现阶段处于自我发展状态，有"遍地开花、一哄而起"的现象，民宿的同质化现象越来越严重。

由于缺乏合理引导，民宿分布零散，未形成具有相当规模和较高知名度的民宿集聚发展区域，基本上属于村民利用自己的空房自发经营、有经济实力的人看中一个地方投资办民宿或村与企业合作投资经营民宿等三种形式。这种缺乏专业规划状态下建起来的民宿，多数不符合区域科学布局和合理适度发展的要求。

（二）民宿发展缺乏有效的营销手段

大多数民宿品牌知名度不高，民宿经营者宣传营销的手段比较单一，主要还是依靠"回头客"、发名片和口碑宣传。在当今这个信息资源大量涌现的互联网时代，民宿尚未搭建专门的营销平台，很少通过网络宣传推介，缺乏整体宣传营销的意识。尚未形成专业的组织和协会，缺少民宿行业的整体宣传效果，所以往往出现"节假日人满为患，平时关门打烊"的极端现象。

（三）民宿发展缺乏独创意识

一方面，民宿发展"同质化"现象严重。部分民宿经营者缺乏民宿经营理念和经营技巧，盲目跟风，看到别人开办民宿取得了一定收益，也进行投资开办民宿。但大多数民宿偏重于模仿，民宿的主题不突出，特色也不明显。无论是民宿的建筑风格、室内装潢等硬件设施方面，还是食宿服务、体验分享方面都非常相似，缺少自己独特的经营理念，缺乏民宿创办内涵，导致民宿失去了应有的意义。大部分民宿消费者都向往有特色的体验活动以及民宿主人与民宿消费者之间的互动，但"同质化"的民宿没办法带来这种具有地方特色的体验活动。

另一方面，民宿的市场定位模糊，没有针对青年白领、退休职工等不同的消费群体进行市场细分。另外，配套设施不足，道路及路标、环境卫生、停车场地、用水用电、通信网络等公共设施建设滞后。

（四）民宿发展缺乏多个部门的合力作用

民宿经济是一个系统工程，涉及公安、消防、旅游、环保、市场监督、卫生等多个部门。由于没有专门管理民宿的主管部门，而是由临时部门管理，未形成一套行之有效的协调机制，致使某些民宿的优惠政策难以落地，也制约了民宿资源的有机整合和项目开发的快速推进。另外，针对民宿的法律法规也不全面，缺乏相应的惩罚机制。这些问题导致民宿经营者缺乏信心，严重阻碍了民宿的发展。

（五）民宿发展缺乏保护生态环境的意识

通过发展乡村旅游经济，大量民宿应运而生，改善了乡村经济风貌，促进了当地的经济发展。但是在建设和经营乡村民宿时，由于部分乡村民宿经营者缺乏环保意识，只是一味追求经济开发，随意排放废水、丢弃垃圾，对乡村环境构成了极大威胁，很容易对环境造成破坏。同时，随着游客的增多，环境承载能力也不断减弱，给原生态环境带来持续性、不可逆转的破坏。

（六）民宿发展暴露出较多的隐患

部分民宿处于"无监管"状态，没有跟治安、消防系统联网。有的民宿为招揽生意，住宿登记不要身份证，离店不开发票。有的民宿装饰材料不符合耐火要求，消防设施配备不足，从业人员缺乏消防技能训练，存在很大的消防、治安等隐患。有的民宿建在山边、溪边，离地质灾害点近。有的民宿卫生设施差，没有规范的消毒和疾病防范措施，消费者投诉较多。

五、推动民宿产业发展的建议

（一）注重规划引领

研究制定本区域民宿发展的布局规划，对该区域现有民宿发展进行摸底排查，并根据自然景观、人文环境、村庄条件等，出台相应的民宿发展规划线路图，明确重点发展区域，充分考虑产业布局、人口集聚、土地利用、生态环境保护等内容，深入挖掘文化底蕴，不搞同质化，形成目标明确、布局合理、定位科学、特色鲜明的民宿发展规划。

在旅游景区周边集约发展民宿，以民宿村标准进行整片规划建设；对一些原住民外迁较多的并具有原生态风貌的"空心村"，则通过"政企合作""村企合作"的模式开发成民宿群落。引入民间资本，开发独创性、具有深厚文化内涵的示范项目，打造精品民宿。多样化开发民宿市场，积极打造适合不同消费群体的民宿产业体系，大力发展中端民宿，适度建设低端民宿，控制高端民宿。分区域打造自然生态型、文化体验型、休闲愉悦型、美食体验型、健身养老型等特色各异的主题民宿，实现错位发展。

（二）加强整体宣传

民宿行业的快速发展，对民宿运营提出了更高的要求。其带来的直接影响是：单体网红民宿的曝光率不断消退，开始走下坡路，同时，走红的路径难以复制。未来，运营将是民宿发展壮大的必修课。因此，要以政府为主导，城市民宿需形成集约化发展，实现真正高效的民宿经济。

比如，去舟山看海、到衢州看山、在莫干山度假、住丽水养生等营销口号，每个地区都应该打造地域专属的品牌核心竞争力。在这方面有些地方还比较落后，要着力打造区域民宿公共品牌，以品牌发展占领市场高地。要成立专业的民宿行业协会，制定相关行业准入标准及行业服务规范。要强化政府、行业协会和民宿经营者的三方联合互动，对民宿进行统一规划包装，以民俗文化的主题立意为核心，同时又突出个体民宿的自身特点，整体设计区域民宿形象，打响区域民宿品牌。要开设统一网络营销平台，创建民宿专题网站，进行集中展示推介，让每一家民宿都有页面进行民宿介绍、旅游产品发布及民宿预订等。要加强与报刊、电视、电台等新闻媒体合作宣传，积极拓展网络、微博、微信等新媒体平台的开发，进一步提升区域民宿的知名度、美誉度。

（三）开拓发展思路

积极学习国内外先进地区的经营管理方法和运作模式，并结合实际摸索出适合自身的民宿发展新模式。如引入民宿经营的保险机制，为民宿经营者减轻风险负担；成立全市民宿投资有限公司，统一对民宿资源进行整合和开发；引入专业化服务模式，实现精美的菜单设计、优美的用餐环境和周到的服务礼仪；结合乡村民宿自产的无公害农产品、绿色食品，将现代农业观光园区和民俗文化旅游区更紧密地融合，大力整合休闲产业资源等。同时，要进一步创新发展理念，将民宿发展与美丽乡村建设、古村落保护开发相结合，统一规划，统一建设，统一推进。

（四）落实联审制度

建立民宿经济发展领导小组，并将成员单位人员相对固定，协调处理民宿经济发展过程中碰到的各种问题。建议有关部门学习借鉴外地的经验和做法，坚持先发展后规范的原则，按照相关治安消防管理规定，在确保安全的前提下，因地制宜制定民宿消防、治安安全和卫生、环保标准，降低准入门槛，简化审批手续，积极帮扶有意向开展或手续尚不全的民宿经营户尽早达到相关要求，让更多的经营者获得合法市场主体地位，推进民宿规范化发展。相关部门要加大对民宿发展区域的旅游交通、便民设施、生活设施等建设资金的投入，完善配套服务设施，同时加大对民宿村生活污水处理、道路设施建设、村容村貌的整理力度。

（五）规范民宿管理

相关部门要加强指导和服务，强化对存在治安消防安全隐患民宿的整改，积极主动地向民宿经营者宣传防火防盗等安全知识，并联合旅游、公安、消防、工商、环保等部门加强对民宿的服务质量、安全管理、消防设施、食品卫生、环境保护等的监管，形成"经常性检查+节假日突击检查"的工作机制，确保有序发展，实现规范经营。要积极对接职业院校，定期举办各类专题培训班，加强民宿经营者和从业人员在经营管理、服务礼仪、营销策划、烹饪技术、食品卫生、安全防范等方面的培训，经常性组织民宿协会成员参加行业知识培训，不断提高民宿从业人员综合素质。推动星级酒店与民宿结对互助，酒店对民宿开展专业指导，民宿服务人员到酒店轮岗锻炼，进一步提高区域民宿的整体服务水平。

任务实训

参观当地开办的几家民宿，调研了解这几家民宿客源地、客流量、交通情况、地理位置、自然资源条件等信息，并完成下列表格。

XX 民宿市场调研表

调研时间：　　　　　　　　　　调研人员：

调研内容	基本情况
民宿市场总量	该区域内年客流量：
	客流量月份分布：
	淡旺季分布：
	客流量年增幅：
	客流量和往年同期相比较：　　上升□　　持平□　　下降□
	客源地客人在当地的停留天数：
民宿所在地民宿业态	民宿所在地周围城市的数量有多少个：
	民宿所在地周围城市经济水平：　　　高□　　中□　　低□
	民宿所在地周围城市居民是否有旅游的习惯：　是□　　否□
	民宿所在地周围城市居民出行的频率：　高□　　中□　　低□
	民宿所在地的旅游业态：　　传统观光游□　　休闲度假游□
	民宿所在地吸引游客的资源条件有哪些：
	民宿所在地的景区品质如何：
民宿所在地交通情况	民宿周边是否有机场、高铁、高速公路：　是□　　否□
	客人从周边城市过来最多需要多少小时的车程：
	客人是直达还是需要换乘：　　直达□　　需要换乘□
	换乘是否方便：　　　　　　　是□　　否□

续表

调研内容	基本情况				
民宿所在地自然环境	气候环境： 四季如春□ 炎热□ 寒冷□ 其他：				
	生态环境是否良好： 是□ 否□				
	是否有独特的景观资源： 是□ 否□				
民宿所在地投资环境	当地政府对民宿的态度： 积极支持□ 放任不管□				
	民宿所在地的商业氛围：				
	水电网、路灯、防灾等基础设施是否完善： 是□ 否□				
	餐饮、娱乐设施、医院等公共设施资源是否齐全： 是□ 否□				
民宿所在地民宿业竞争态势	该区域内民宿客栈的数量：				
	该区域内民宿客栈档次：低端（ ）个、中端（ ）个、高端（ ）个				
	该区域内民宿客栈价格：				
你所入住体验的民宿基本情况	该民宿的特点：				
	该民宿的亮点：				
	该民宿的吸引点：				
	该民宿的全年经营情况：				
	该民宿淡旺季的处理方法：				
	该民宿日常的管理方法：				
	该民宿的营销方法：				
	该民宿有哪些是可以学习的：				
	该民宿哪些是需要规避的：				
民宿消费对象	出行人群： 情侣□ 闺蜜□ 夫妻□ 朋友□ 家庭□ 个人□ 团体□ 其他：				
	出行目的： 亲子□ 社群聚会□ 商务团体□ 度假□ 特色活动□ 其他：				
	出行时间： 节假日□ 平日□ 年假□ 家庭节日□ 个人节日□ 其他：				
	客户特征				
	性别：				
	年龄：				
	教育程度：				
	性格：				
	职业：				
	地域：				
	兴趣爱好：				
	消费习惯：				
	获取信息渠道偏好：				
	客户来源： 本地客户□ 就近周边客户□ 外地客户□ 外籍客户□ 线上□ 线下□ 熟客介绍□ 旅行团□ 商务会议团□ 培训学习团□ 活动团□				

> 复习与思考
>
> 1. 民宿调研的内容有哪些？
> 2. 如何对民宿消费者进行调研？
> 3. 如何推动民宿产业的发展？

任务二　民宿选址

一、民宿选址的重要性

选址是民宿的基础，对于民宿的发展几乎起到决定性的作用。好的选址是成功的一半，要想经营好一家民宿，从一开始的选址就非常重要，因此民宿在选址上要慎之又慎。

（一）选址决定民宿生死存亡

作为一个对地理环境依赖度很高的业态，选址是民宿的基础，对民宿发展几乎起到决定性作用。选址不理想，后期其他方面做得再好也会事倍功半。

（二）选址决定民宿运营成本

好的民宿选址可以大大降低民宿的初期投入和运营成本。在民宿业有一句话叫"如果选址选好了，躺着也能赚钱；如果选址选不好，绞尽脑汁也得亏钱"。如2016年入住率就已经达到80%、融资超过1亿元的诗莉莉的选址均是洱海、丽江、漓江等国内绝无仅有的景观资源所在地。

（三）选址决定民宿竞争力

好的民宿选址可以带给客人独特的、有差异性的生活体验。这种独特性来自消费者因为空间的转换而获得不同的感受，差异性主要体现在周边环境的不同而给客人带来的不同感受。如城市居民去乡村休闲度假消费，东部居民去云南、西藏等西部地区感受当地的文化差异等。

二、民宿选址的依据

民宿选址是否合理，对民宿的经营起着至关重要的作用。对民宿进行选址之前，一定要做好前期的调研工作，通过对相关信息进行分析汇总，明确民宿行业的发展现状和发展趋势，确定民宿的性质和地位，了解建设民宿的政策依据等基本情况信息。

（一）讲究天时地利人和

1. 天时

天时是指天气决定民宿的经营周期和方式。比如，北方民宿比南方民宿发展慢有很多原因，其中天气原因是一个很棘手的问题。一是寒冷时节客流量小，二是淡季人力成本和运营成本高。

2. 地利

民宿是一个"卖"环境的项目，地利是重中之重，主要包括以下几个要素：

（1）交通便利。

（2）景色优美。

（3）完善的配套设施。

（4）良好的展示面。民宿选址能够方便客人寻找，如果有能力做广告会吸引更多的自然客流。

（5）民宿的安全性。民宿选址不要留安全隐患，应考虑到是否会发生泥石流、森林火灾等情况。

3. 人和

民宿中的人和主要体现在与人的关系上。要处理好与房主的关系、与当地居民的关系，不要让原住民对你的客人抱有敌对的态度。

（二）确定民宿性质和民宿定位

在民宿选址之前，要拟定民宿的主题，确定民宿的性质和定位。前期要根据市场调查和实地考察结果，拟定民宿接待住客的层次、民宿管理水平及民宿的特色等，来确定民宿的性质、民宿等级、民宿规模与民宿结构。应尽量选择符合自己特色的主题，一旦发现不足及时对其进行调整和完善。

（三）考虑民宿选址周边居住人口与交通

在建设民宿之前，要先调查民宿所在地的居住情况，经济人口和流动人口应该是以人气旺为佳。同时考虑道路、停车及交通工具的便捷性，使民宿消费者每天无论到哪个地方，都能有方便步行和驾车的通道，让客人有一种轻车熟路之感。

（四）重视民宿的地理位置和环境要求

考察民宿所在地的地理位置，如道路交通、气候气象、地磁方位、环境景观、水文地质以及地表等情况，以此来确定民宿的建筑样式。地表应该清爽整洁，如果地表情况不好，如有低洼或散发臭气的地方，应尽量避开建设民宿。

（五）掌握民宿行业现状和民宿发展趋势

了解民宿所在区域内现有的民宿设施与竞争对手民宿的经营特色和状况；了解是否有新建民宿的规划；了解区域内饮食设施、规模特色、营业时间、顾客层次、消费单价、营业额、菜系和菜单内容等。在了解上述信息的基础上，对自己即将建设经营的民宿做一个详细的规划。

（六）选择合适的民宿地段和区域

了解民宿所在区域范围内是否有提供民宿、住宿、餐饮服务等各项设施和场所的需求；了解民宿的客源是否有保证；了解民宿所在区域内的风景游览、文化娱乐、体育活动等因素的规模、数量、大小等信息。在了解上述信息的基础上，对这些设施与场所的现状做出分析，对建设民宿有很大的参考价值。

（七）确定民宿的规模和结构

民宿的规模和结构，要由市场需要、经营方式来决定，除客房部分外，其他公共活动部分和饮食部分也需占一定比例，如餐厅、客厅、停车场、文化娱乐等各种设施，并综合考虑场地、交通、区域环境、民宿行业现状等因素的影响。

三、民宿选址须考虑的因素

民宿选址是否合理对民宿的经营起着至关重要的作用，在选址前，要综合考虑以下几个因素。

（一）便利的交通环境

民宿选址时要考虑交通是否便利，便利的交通包含两个方面的内容：

一是客人到达民宿是否有便利的交通工具，交通是否配套。如畅通的公路、高铁、飞机等，确保各种交通工具能够无缝对接。出租车是一个常用的出行选择，但是对年轻的消费群体来说，频繁乘坐出租车会增加相应的费用，因此民宿消费者希望民宿所在地要有比较便利的交通环境，有配套的交通设施，到机场、高铁站有直达的轨道交通。

二是客人到达民宿所花费的时间是否过长。一般而言，客人到达民宿的时间不宜超过 3 小时。比如，以大城市为中心，民宿距离要控制在 60 ～ 200 千米之间，确保客人乘坐交通工具能在 1 ～ 3 小时内到达；如果民宿距离高铁站或飞机场很近，那么到达民宿的时间不能超过 1 小时。如果游客自驾游到达景区后，还要徒步 50 分钟上山到达民宿，这样的民宿纵然再有特色、山上的风景再好，也必然会投资失败。

（二）舒适的自然环境

民宿选址时要考虑周围的自然环境，应空气清新、水体清澈、环境和谐，无过多违和建筑，确保民宿内外部环境能给客人带来舒适的入住体验。民宿选址如果选择在人文或自然环境价值较高的地方，这样就能最大限度地吸引游客前来住宿。因此，在民宿建设过程中，需要合理开发和利用当地的自然资源，并对这些资源采取充分的保护措施，以免生态环境遭到破坏，也好让受到保护的环境在民宿投入营业后，成为吸引游客的亮点，带来源源不断的客源。

（三）浓郁的地域人文环境

民宿相对于传统住宿产品最大的区别就是其所在地的地域风俗文化，地域人文环境是一种无形的力量，能够吸引客人，让客人体验独具特色的生活方式。因此，民宿选址要考虑是否能充分体现当地的人文风情，展现民宿开办的"情怀"。

（四）热门的旅游目的地

民宿选址时要考虑是否为热门旅行目的地。作为一个热门的旅行目的地，本身就带有很多客流量，开门营业后不愁客源。例如丽江、大理、海南等，它们是热门的旅行目的地，民宿可以借助该旅行目的地快速成长发展。

（五）独特的景观资源

民宿的客源大部分是来自旅行度假的住宿群体，因此，民宿选址时要考虑所处区域的景观是否具有独特性，景观独特意味着能带来大流量的客户群。如果所处区域有一个 5A 的景区，或者有一个世界文化遗产景点，那么该景区景点的客流量就比普通的景区景点多，更具有竞争优势。

（六）长期的经营旺季

民宿选址时要考虑一年中可以做多长时间的生意，季节性的客流变动会对收益造成较大的影响。民宿选址的一条标准是不低于八个月的旺季，这样才能保证盈利。如果是寒冷的地方，旺季只有三四个月，通常需要慎重考虑，如果其他的因素可以弥补这方面的不足，也是可以考虑的。

（七）完善的配套资源和基础设施

随着民宿行业发展越发成熟，民宿尤其是乡村民宿，未来将结合当地旅游资源，进行产品整合，为民宿消费者提供食、住、行、游、娱、购一条龙的游玩服务，满足民宿消费者更高层次的旅游和住宿需求。因此，民宿选址时要考虑周边是否有配套的资源，是否有保证民宿能够正常运营的基础设施。

一方面，要有配套的娱乐设施和社会服务资源。民宿在旅游产业所需要的吃、住、行、游、购、娱这六大要素中，仅仅提供了吃、住的功能。在客人消费过程中，如果没有其他可供游玩或者娱乐的设施，入住体验将会变得单调，缺乏吸引力。因此，民宿选址时要考虑周边的配套资源，与周边业态形成互动。

例如，如果是城市民宿，那么民宿周边要有一些休闲娱乐区域。喜欢老上海腔调的民宿消费者，可能喜欢租住在上海迪士尼附近的民宿；喜欢西湖的自然会优先选择西湖边的民宿居住。

另一方面，民宿所在地要有齐全的基础设施，以保证民宿能正常运营。如是否有稳定的供水、供电及排污系统，是否具备基本的通信条件、合格的消防安全条件等基础设施。尤其是在一些距离城镇较远的村落，所有基础设施都要在确定选址时做系统的规划。

（八）优质的政策条件

民宿选址前，要尽可能多地考察当地政府态度和相关政策，必须和当地的行政单位进行沟通，确保各级行政机构和当地居民的支持。如果选址前没有了解清楚当地的政策条件，很可能对民宿经营造成颠覆性的影响。所以在选址之前，要动用所有能找到的资源去了解当地的政策，以确保民宿的良性运营。

（九）其他因素

民宿租金成本要低。90%以上的民宿项目投资失败，主要原因在于高额的运营费用，而占据运营费用最多的则是租金成本。很多景区的房东倚仗景区优势，对自己的老房子要价很高，民宿投资者改造后很难盈利。特别是如果房子比较差，一次性的高成本投入改造后，再加上后期持续投入的高额租金，将会使民宿难以获利，影响民宿的运营。

四、根据民宿定位来确定选址类型

按照对应的区位和市场，民宿可划分为城市民宿、乡野民宿、景区民宿。应根据不同类型的民宿来确定民宿选址。

（一）城市民宿

城市民宿所选民宿地址一般为旅游城市中心或离中心不远的地方，其客源大部分是到这个城市来旅游度假的客人，期望获得当地的生活体验。目前，我国一、二线城市聚集了大量城市民宿，其具有的价格优势和能深度融入当地居民生活的场景逐渐成为城市旅游客人的最佳选择。

（二）乡野民宿

乡野民宿是指在一些还相对封闭的村落里建设的环境较为原汁原味的民宿，或者是建在一些比较原生态的村庄、林地、山地、田地里等的民宿。主要客源是有乡土情结、渴望呼吸新鲜空气、体验慢节奏生活的人群。该类民宿周围没有开发成熟的景区景点，主要依靠纯天然的乡野环境和自然资源吸引客人。目前，很多民宿落户于我国一、二线城市的近郊，新建小院或对原来的农宅进行改造，提供外部环境乡村化、内部装修现代化的舒适住宿产品。

（三）景区民宿

景区民宿是借助景区景点的吸引力，借助旅游住宿市场发展而成的，与周边娱乐、餐饮等旅游配套设施共同形成旅游服务体系。很多著名景区景点自带品牌效应，有大量的客源基础，很多投资者都会围绕着景区来确定民宿地址。比如我国的洱海、丽江古城就集聚了大量的景区民宿，该地以独特的地理气候，绝佳的湖景、山景和人文资源吸引了大量观光旅游的消费人群；浙江地区有莫干山、楠溪江、雁荡山、新安江、天目山、大明山、太湖源、舟山群岛、西湖等知名景区，因此有大量围绕在它们周围的民宿。

有些离景区景点较近的民宿，可以在民宿客房内看到景区的风貌；有些景区的门票比较贵，或者景区内的项目票比较难买，如大明山的滑雪场门票、舟山群岛的船票等，这些地方的民宿主可以为民宿客人提供景区项目和民宿的套票，在为客人提供民宿服务的同时提供联票服务，大大增强了民宿产品的竞争力。

小知识

民宿发展集群介绍

根据交通、气候、生态环境和自然与人文景观等因素，结合目前中国大陆民宿客栈发展的实际状况，圈出了几大区域民宿发展集群，供大家进行参考。

一、滇西北民宿区

1. 区域描述

该区位于北纬 25°～28°，高原气候，冬天干燥，空气能见度高，光照足够；夏天气温不高，一年适宜游玩天气多；区域内自然景观奇异性和独特性高，少数民族文化斑斓多姿，拥有一个世界自然遗产（三江并流），一个世界文化遗产（丽江古城），一个世界地质公园（大理苍山）。这个区域，是大陆客栈和民宿发展最早、发展较成熟的区域之一，也是客栈投资最热门的区域。需要特别指出的是，由于洱海水体污染、富营养化严重，大规模暴发蓝藻，2017 年 4 月，洱海核心区以及核心区划定红线经过的洱海环湖自然村，所有相关餐饮、客栈经营户一律自行暂停营业，接受经营证照、环保等核查。洱海近 2000 家客栈餐馆被关停，外界称之为史上最严整治。这一区域的民宿受到毁灭性打击，直接关停 1 年多。2018 年，部分民宿陆续开始营业，但客流受到很大影响，民宿客栈的经营要求提高。

2. 区域劣势

（1）偏居中国西南边疆，交通对于市场人群而言还较为不便。

（2）缺乏规范，部分区域出现过饱和状况，带来系列问题，影响旅行体验。

（3）污染问题（如洱海出现的水体富营养化问题，近两年正在严厉整治相关问题，民宿受到较大影响）。

3. 发展前景

（1）交通配套提速，缩短市场与区域目的地的时间，降低交通到达成本，前景利好，具体包括：沪昆高铁通车，昆明—大理—腾冲快速铁路修建，泸沽湖机场通航，腾冲机场升级，大理机场未来迁址改建。从区域节点到景点的道路建设也在升级。

（2）大量酒店资金进入，不同档次及体量的酒店修建，让区域知名度不断提升。

（3）关于客栈及民宿运营整体水平也在提升，可以期待成为中国最知名的休闲度假区和客栈行业最发达的区域。

4. 区域点位

大理：包括双廊在内的洱海周边区域、大理古城及周边、沙溪、诺邓、巍山古城。

丽江：大研古城、束河、拉市海、玉龙雪山下白沙镇、泸沽湖区域。

香格里拉：独克宗古城、松赞林寺周边、纳柏海周边、德钦梅里雪山周边飞来寺。

怒江州：六库、丙中洛。

保山市：腾冲和顺古镇。

此外，澜沧江谷地（如茨中）、怒江谷地（如丙中洛）、金沙江（如虎跳峡）也会点状出现以目的地为中心的民宿客栈。

二、川藏线民宿区

1. 区域描述

该区域覆盖从成都平原经横断山区进入传统藏地的广大区域；大山大河紧邻，地貌变化巨大，藏族风情多元精彩，同时作为进西藏的重要通道，是中国自驾游最繁忙的一条世界级的景观大道。而且区域一个端口连着成都这个重要的市场来源地和客源窗口（成都机场年旅客吞吐量突破5000万次），目前客栈和民宿主要沿着317、318国道分布，主要集中在几个市镇上，以中低端为主，满足接待季节性自驾和骑行游客为主。

2. 区域劣势

（1）区域间低海拔河谷地带纵深狭窄，视野受限；高海拔高原平面，景观优美，但多是会产生高原反应的区域，人群适应受限，而且适宜旅游的季节只有4个月。

（2）交通通达还是太差，受限于两条进藏国道，旺季及雨季期间经常出现拥堵和中断。

（3）旅行淡旺季落差太大，酒店旺季房间一房难求，淡季难以支撑运营。

（4）区域民风剽悍，外来投资者需要了解当地文化，权衡后再进入。

3. 区域点位

四川甘孜州：塔公、康定、新都桥、理塘、稻城、亚丁、丹巴。

四川阿坝州：九寨沟、松潘、桃坪羌寨、米亚罗。
西藏昌都：昌都、八宿。
西藏林芝：八一、波密、朗县、工布江达、然乌湖。
拉萨：拉萨。
日喀则：江孜、日喀则。

三、湘黔桂民宿区

1. 区域描述

湖南、贵州、广西交界处，也是中国第二阶梯云贵高原下到海拔更低的第三阶梯的交界处，区域沿着雪峰山及武陵山、苗岭一线分布；山水相交，景色绝美，同时这里也是多民族聚合交融、和谐共处之地。区域内有包括桂林山水、良山丹霞地貌、喀斯特地貌等在内的世界级景观；从区位上看，该地区与珠三角、川渝、华中城市群落等来客市场有近便的交通干道，通达性好，也是东部地区去往西南陆路交通的必经之地。

2. 区域劣势

（1）毗连区内部的经济条件较差，对外部客源的依赖性过高，因此导致旅游淡旺季明显。

（2）从大交通节点到终端的交通条件有待改善，因此从时间距离来衡量，还是离市场目的地远。

（3）东部在西部边路游客居多，停留天数少。

3. 区域点位

贵州：镇远古城，西江千户苗寨，肇兴侗寨。
湖南：凤凰古城。
广西：三江县、龙胜梯田区域、桂林、阳朔漓江一线。

四、海南岛民宿区

1. 区域描述

纬度决定了海南岛在中国旅游版图中的重要角色，充足的阳光和没有低温的气候，加上作为海岛的热带景观，成就了它长盛不衰的美名。作为中国的第二大岛，拥有漫长的海岸线，环境及区域经济的承载能力高，发展旅游的历史较为悠久，区域内海口和三亚作为游客来海南的重要航空枢纽，环岛高铁和高速也都齐备，交通配套成熟。

2. 区域劣势

（1）旅游业发展较为充分，做民宿好的区位及性价比高的物业较为难得。

（2）旅游区商业化气息浓厚，难以凝聚民宿的文化氛围。

（3）知名度过高，区域旅游发展中负面新闻给民宿发展带来影响。

（4）豪华星级酒店及连锁酒店等其他替代住宿形态对民宿发展的冲击较大。

3. 区域点位

三亚、东方、陵水。

五、浙南闽北民宿区

1. 区域描述

闽浙交界地带，仙霞岭、武夷山、鹫峰山系纵向分布，山岭之间有河川谷地，绿化率达到80%以上，生态环境极佳。坐落于山岭之间的古村落，有着悠久的历史，不少还保持着和周边环境和谐共处的美好状态。区域内有世界自然和文化遗产武夷山，世界自然遗产泰宁丹霞、浙江江郎山，世界地质公园太姥山等世界级的景区。随着高铁及高速路网在本区域的布局完善，从本区域往周边客源地的通路已经成熟，有望成为周边城市度假休闲的长时段目的地。而且民宿属于刚发端的阶段，物业成本相对较低。

2. 区域劣势

（1）刚刚发端的市场，属于民宿的"生地"，进入的不确定性因素较多。

（2）周边包围的民宿群落具有强替代性，竞争激烈。

（3）部分从交通干道到景区村落的衔接交通还是不完善。

3. 区域点位

浙南：泰顺、江山市（仙霞岭）、丽水、松阳。

福建：泰宁（古城）、大金湖周边丹霞地貌带、武夷山（下梅材、保护区毗连区村落）、屏南（白水洋周边及古村落）、周宁（古村落）、福安。

六、徽文化圈民宿区

1. 区域描述

传统徽文化区以安徽黄山市所辖县市及江西婺源市组成，其历史文化传承对于皖、赣、浙辐射影响巨大，特别是在建筑文化形态上，徽派建筑文化誉满中国。该区域内也是自然和文化景观多重丰富，有世界文化遗产西递古镇、宏村，世界文化与自然遗产黄山，自然文化遗产三清山等，景色独特性和美誉度高。同时，该区域距离经济发达的长三角区域非常近便，高铁和高速路网对区域基本实现了覆盖，区域条件优越。

2. 区域劣势

（1）气候在冬半年积温低、影响度假人群的进入。

（2）部分作为世界文化遗产地毗连区，限制性条件多。

（3）内部的村落密度高，容易陷入同质化竞争。

3. 区域点位

安徽：黄山市城范围内的徽派村落，例如黟县的西递、宏村、关麓、南屏及周边的村落，黄山景区周边，齐云山景区周边。

江西：上饶三清山景区周边，婺源的徽派村落。

七、客家文化圈民宿区

1. 区域描述

客家民系作为中国重要的民系依然在区域文化中发挥着巨大的影响力，位于赣南、闽西、粤东的这块区域，是传统客家文化的核心区块。三省以赣州、汀州（长汀）、梅州为核心，对客家语言及文化进行传承。客家民系整体带有保守的属性，内部凝聚力强，宗族观念强烈；对外则带戒备的意味，直观的反映就是大量存留的土楼、围屋、土堡等带防御性功能的建筑和村落。这些建筑和村落是开展民宿的极佳载体，而客家文化的精彩多元，也是能让来客开展深度游玩度假的条件。该区域离珠三角及福建沿海经济发达区域近便，高铁和高速网络也覆盖到位，发展前景良好。

2. 区域劣势

（1）区域内部的整合度有待提高。

（2）目前开展的民宿整体水平有待提高，缺乏高端产品，市场认知度低。

（3）老民居的物业较为分散，产权比较复杂。

（4）知名景区环境的原生态性欠理想，植被以次生林为主。

3. 区域点位

福建：长汀（汀州古城）、连城（冠豸山、培田古村落）、永定（高头乡土楼区）、南靖土楼区（非客家民系土楼）。

江西：龙南县围屋区、会昌县的古村落、石城县的围屋区。

广东：梅县、大埔县的客家村落。

八、京津毗连区民宿区

1. 区域描述

所谓毗连区则是以市域范围为核心，往外周延展的有限部分，一般设定为从主城区出发，正常自驾汽车2小时内抵达的区域范围。北京作为首都，是政治、经济、文化中心，天津作为直辖市是中国重要的海港城市及工业城市；京津二城生活着近4000万的人口，是中国人口最密集的地区之一。由于交通拥堵、空气污染、生活节奏快，生活其中的居民对于民宿具有强烈的需求，这种需求不仅表现在去消费，还表现在去投资打造，基于该区域居民强劲的投资能力，北京周边环境良好的区域都很抢手。

2. 区域劣势

（1）物业成本持续走高。

（2）经营淡旺季匹配的是周末规律，周六和周日的生意火爆，工作日则平淡。

（3）因为气候的缘故，冬季半年的经营状况明显要差。

3. 区域点位

北京：昌平区、怀柔区、密云区、延庆区、房山区、门头沟区、平谷区。

九、珠三角毗连区民宿区

1. 区域描述

珠三角也是中国经济最早开放的区域，其经济体量巨大，居民消费能力强，珠三角城市群的人口数量接近6000万，是中国人口最密集的地区之一。由于交通拥堵、空气污染、生活节奏快，生活其中的居民对于民宿具有强烈的需求，而广东位于亚热带和热带地区，民宿受气候的影响小，珠三角周边海拔稍高，生态环境宜人的区域成为大众度假休闲的重要选择。

2. 区域劣势

（1）物业成本走高。

（2）经营淡旺季匹配的是周末规律，周六、日生意好。

（3）客人停留天数少，以周末客为主，该区域居民稍有长时段的假期会选择更远的距离、环境更宜人的区域去度假。

3. 区域点位

清远、肇庆、河源、云泽、韶关。

十、长三角毗连区民宿区

1. 区域描述

以上海为中心的长三角是中国经济最活跃、经济体量最大的区块，也是中国城市化水平最高的地区。"逆城市化"的效应也在该区域显现，因此长三角毗连区的农村现代化程度非常高，这就为民宿的发展提供了很好的基础条件。以莫干山为代表的民宿集群是大陆目前发展最成熟的典型范例。虽然发展较早，基于强劲的市场需求，长三角毗连区的机会非常突出。

2. 区域劣势

（1）经营淡旺季匹配的是周末规律，周末的生意火爆，工作日比较平淡。

（2）区域内同质化较为严重，内部竞争开始显现，在县域层面的营销显得尤为重要。

（3）民宿投资初步展现出泡沫的景象，投资更需谨慎。

3. 区域点位

上海、苏州、无锡、宜兴、浙江、杭州（西湖周边及后山）、德清（莫干山）、乌镇、西塘等江南水乡、安吉、桐庐、淳安。

十一、浙闽粤海岸民宿区

1. 区域描述

中国漫长的海岸线，除了海南岛之外，还有更多值得人期待的地方。浙江、福建、广东这三省的海岸线曲折，半岛、海湾众多，三省海岸线总长度超过中国大陆海岸线的一半，三省的海岛数量则超过全国的80%。沿线的渔村和其他形态的民居聚落，是发展民宿的上佳处所。该区南北连接着长三角和珠三角两块中国经济最发达的区域，沿着该海岸线配套了动车线路及完善的沿海高速公路网来衔接这两块发达区域；同时，本区域县域经济发展水平非常高，消费能力强，这些都是很多其他区域难以达到的。

2. 区域劣势

（1）缺乏提前的规划安排，沿线人口密度大，自发的生产建设活动，对自然景观破坏较为严重，而且近岸的海水污染较为严重。

（2）该区域地处季风气候带，夏季台风是干扰项，冬季三个月的冬季风则过于凛冽，不适合旅游活动。

（3）一些风景优美的岛屿与大陆的通勤条件还较为不方便。

3. 区域点位

浙江：苍南、洞头、南麓列岛、玉环、象山县、宁波、舟山岛。

福建：厦门（鼓浪屿、曾厝垵）、漳浦、泉州、平潭岛、连江黄岐半岛、霞浦东冲半岛、崳山岛、浮鹰岛、福鼎台山列岛。

广东：南澳岛。

此外其他几个可能发展起来的区块，包括陕西关中谷地区块、陕南鄂北秦巴谷地、山东半岛海岸沿线等。

（资料来源：陈盛．互联网＋民宿运营与场景营销．北京：中华工商联合出版社，2020．）

任务实训

参观调研当地的一家民宿，了解该民宿的选址所考虑到的因素，并完成下列表格。

民宿选址市场调研表

民宿名称：　　　　　　　　调研时间：　　　　　　　　调研人员：

调研内容	具体评判标准	
交通环境	交通工具：汽车□　火车□　飞机□　轮船□　地铁□　其他：	
	游客到达民宿所乘坐的交通工具是否方便：　是□　否□	
	游客到达民宿所用时间：半小时□　1小时□　3小时之内□　3小时以上□	
自然环境	空气是否新鲜：　　是□　否□	
	环境是否优美：　　是□　否□	
	水体是否清澈：　　是□　否□	
	是否有违和建筑：　是□　否□	

续表

调研内容		具体评判标准			
人文环境	是否有当地独特的文化：	是☐	否☐		
	是否有当地的特产：	是☐	否☐		
	是否有当地独特的活动：	是☐	否☐		
周边的景观资源	是否有旅游景点：	是☐	否☐		
	该旅游景点档次：	5A☐	4A☐	3A☐	3A以下☐
	该旅游景点是否热门：	是☐	否☐		
	是否有独特的景观资源：	是☐	否☐		
经营时长	经营旺季：12个月☐	8个月以上☐	6个月以上☐	6个月以下☐	
配套资源	配套资源是否齐全：	是☐	否☐		
	有哪些配套资源：				
基础设施	基础设施是否齐全：	是☐	否☐		
	民宿周围是否安全（如是否发生泥石流、洪灾等）：	是☐	否☐		
政策条件	当地政府是否支持：	是☐	否☐		
	当地政府是否有优惠政策：	是☐	否☐		
	当地居民是否支持：	是☐	否☐		

☐ 复习与思考

1. 国内民宿发展的现状有哪些？
2. 民宿的发展趋势如何？
3. 民宿选址的依据是什么？

任务三　民宿开办程序

一、民宿的申请设立和许可

开办一家民宿，需要向相关行政部门申请，并取得相应的行政许可证件：营业执照、《消防检查合格意见书》、特种行业经营许可证、税务登记证，以及餐饮服务许可证等。

二、民宿的创办手续

（一）办理相关证件

只有把相关手续证件办理齐全，才能确保营业之后不会出现太大的问题。

1. 营业执照

去当地的市场监督管理局办理民宿营业执照。办理人需要确定公司类型，想好公司名字。核名通过后，准备办理营业执照所需要的资料，进行开业登记申请。一般工商执照在一到三个工作日办理完成，携办理人身份证即可领取。

2.《消防检查合格意见书》

去当地的消防支队办理相关的消防手续。填写文化娱乐场所消防安全审批表，新建场所要出示《建筑工程消防验收意见书》。具有疏散指示标志、火灾事故照明灯、建筑消防设施检测报告等合格证。

3. 特种行业许可证

民宿属于旅游业，旅游业属于特种行业，要去当地公安局的治安支队办理特种行业许可证。填写省公安厅统一制发的《特种行业经营申请登记表》；申请单位上级主管机关的批复；法人代表身份证复印件和从业人员登记情况；申请单位对房屋享有所有权或者使用权的证明，房屋工程质量竣工核定书。

4. 税务登记证

申请开办民宿，需要经过当地主管部门的审批与核准，领取相关的营业执照之后，才可以顺利开业。经过允许开业的，在进行变更等情况时，还需要在当地的公安局进行备案，办理税务登记证。

5. 餐饮服务许可证

如果想要自己做快餐，民宿就需要去市场监督管理局办理餐饮服务许可证，其他的要根据当地政府的具体要求来决定。

（二）办理备案手续

在开民宿之前，还需要进行申请经营旅馆业的备案手续，不论是专营还是兼营，都应该依法办理开业审批备案手续。

（三）建立规章制度

建立健全严格的宾客住宿登记表（表2-1）和访客登记规章制度，制定贵重物品的登记规章制度。

（四）培训民宿从业人员

开业之前要对民宿从业人员进行专业的培训。

表 2-1　宾客住宿登记表

请用正楷填写

何地来_____　去何地_____　抵店日期:_____　离店日期:_____

房号	姓名	性别	年龄	籍贯		证件名称和号码	备注
				省（市）	市（县）	居民身份证	

工作单位或家庭地址	职业	住宿原因	同住人关系	注　　意
				1. 退房时间是中午 12:00。 2. 请访客在晚上 11:00 前离开。 3. 结账时请交回房间钥匙牌。 4. 贵重物品交收银处保管、行李交礼宾组寄存，否则如有遗失本店概不负责。 宾客签名_____

预住　　天	单据号码	预付方式	贵重物品寄存	行李寄存	接待员
预付　　元			有□无□	有□无□	

（一联存根）

三、民宿的创办步骤

（一）做好前期准备工作

创办民宿之前，要先做好充足的准备工作，了解清楚自己是否具备做民宿的条件，看准自己的民宿要走的路再做后面一系列的事情。

1. 考虑创办民宿的资金来源

创办民宿需要投入大量资金。资金投入包括前期的投入成本，如土地或房屋租金、软装、硬装、床品等；也包括后期的运营成本，如民宿所在区域内的物价高低、水电网成本、日常消耗品费用、营销成本、人员工资、维修维护费用等。

民宿经营的基本原则是"有多少钱，做多少事"。创办民宿的道路上如果没有足够的资金支持是举步维艰的，因此，在投入民宿行业、创办民宿之前，要先清楚地知道自己是否有足够的资金支持，资金来自哪里。一般而言，资金大致可以来源于银行贷款、政策性贷款、平台众筹等。资金来源方式不同，民宿主在资金使用方面也各有优劣。

（1）银行贷款。银行贷款是一种传统又保守的资金来源方式，其贷款方式为：① 中小企业贷款。一般要求企业成立满足一定年限，并要求提供房产等抵押物，授信一次发放，分期偿还，最长可达 3～5 年，额度一般为抵押物市场价值的 50%。这种贷款期限长，利率低，分期偿还本息，要求有房产作为抵押物。由于民宿经营场所的产权大多属于农村集体所有或房屋主人所有，因此民宿的产权往往不具备抵押借款的基础条件，此类贷款适合以公司形式对外经营的民宿品牌，且公司法人具备一定的财力基础。

② 消费贷。消费贷是一种个人消费贷，主要针对有稳定收入且违约概率相对较小的年轻人，以及中低收入的稳定职业从业人员。授信发放机构也会根据企业主的情况发放一部分实际用于店面经营的消费贷，一般最高授信金额为申请人工资的 5 倍，不超过 20 万元。此类贷款的优势是易申请，无需财产抵押，但金额较小。在民宿经营中此类资金只能用于基础性维护，无法发挥较大的价值。

（2）政策性贷款。政策性贷款是中央银行和政策性银行为贯彻国家在不同历史时期的经济发展政策，所发放的有特定投向和用途的各种贷款的统称。在中国商品经济和市场经济条件下，政策性贷款作为国家银行调控宏观经济的信贷倾斜行为，体现出国家发展国民经济的政策性导向。十九大后提出的乡村振兴战略，使乡村民宿备受关注，很多地区专门设立了创建民宿的扶持资金。以北京密云区为例，一个符合当地政策标准的民宿项目可以获得 50 万元 3 年免息的政策性贷款使用权。该类贷款大大帮助了民宿的规模性发展。

（3）平台众筹。众筹是指大众筹资，通过互联网方式向网友发布筹款项目并募集资金。相对于传统的融资方式，众筹更为开放，能否获得资金也不再是以项目的商业价值作为参考的唯一标准。目前，我们所熟知的多彩投等都是以民宿众筹为主营项目的平台，只要是网友喜欢的项目，都可以通过众筹方式获得项目启动的第一笔资金，这种筹资方式使小本经营的民宿项目在众筹领域拥有了无限的可能。平台众筹与银行贷款、政策性贷款相比，具备以下独特的特点：

① 低门槛：无论身份、地位、职业、年龄、性别，只要有想法有创造能力都可以发起项目。

② 多样性：众筹的方向具有多样性，可以众筹的项目类别包括设计、科技、音乐、影视、食品、漫画、出版、游戏、摄影等。

③ 依靠大众力量：支持者通常是普通的民众，而非公司、企业或是风险投资人。

④ 注重创意：发起人不能单纯只展示一个概念或者一个点子，必须能清

晰地展示自己的民宿创意（如设计图、成品、策划等），具备可操作性，才能通过平台的审核。

对小微的民宿业态来说，众筹也许是目前民宿最好的融资方式。它不仅提供了资金支持，也具备极强的产品包装能力，让民宿在筹建前期即可获得一定程度的曝光。

2. 进行市场调研

开办民宿前对民宿市场进行调研是一个十分重要的环节。通过市场调研可以让民宿投资者掌握民宿市场的最新发展状况，让民宿投资者能够准确判断市场情况，进而及时调整自己的投资决策，避免出现"走弯路"的情况。

可以从民宿消费市场客流量情况、民宿所在地民宿业态、民宿所在地交通情况、民宿所在地自然环境、民宿所在地投资环境、民宿所在地民宿业竞争态势、民宿消费对象等方面进行调研工作。

3. 进行民宿选址

综合来看，主要有两种选址类型。一是选址于景区周边，依托景区景点的吸引力，借助先天的旅游住宿市场，与周边娱乐、餐饮等旅游配套共同形成旅游区旅游服务体系。二是选址于城市周边，以临近城市庞大的消费市场为动力。

在选址时要注意，如果是租赁房屋来改造成民宿，一定要确保租赁房屋的合法性，并与房屋所有权人签订土地流转合同。

乡村民宿因涉及农村土地政策，非本地居民几乎难以通过购买获得，因而我们所熟知的著名的乡村民宿几乎都是通过租赁、改造、重装实现。在此过程中，有的相安无事，村民一次性获得20年的租金，有的甚至可以拿到一定份额的民宿分红和其他福利。但也存在毁约、涨租的案例，如果民宿创业人员耗资百万投入了极大的心血，打造成功一家民宿，因房屋产权合法使用性问题而影响甚至中断经营，这带来的损失是不可估量的。为了预防此类事件，在取得房屋使用权之前就应通过法律途径确定并且保护自己的合法权益。

4. 进行民宿定位

民宿定位是投入建设的前提，只有明确了服务人群的需求，才能创造准确的产品。定位主要包含市场定位、产品定位、形象定位三方面。策划规划的精准定位、特色文化的准确呈现，确立了项目的核心竞争力，这将发展成为未来民宿的品牌特色。民宿将在定位的基础上衍生出品牌精神、文化内涵。

5. 熟知创办民宿的手续

（1）办理相关手续证件。

（2）办理备案手续。

（3）建立规章制度。

（4）招聘、培训民宿从业人员。

（二）制订行之有效的创业计划书

在充分调研了解民宿市场的大环境和自身情况，并做好资金上的准备之后，就可以将创办民宿提上日程了。在正式行动之前，需要制订一份行之有效的创业计划书，并根据实际情况进行及时调整。

要明确的是，创业计划书并不仅仅是一份简单的书面计划，而是民宿创业者的一个切实可行的行动纲领，是民宿创业成功的基础和起点。通常情况下，创业计划做得越详细、越周密，成功打造一家民宿的可能性就越大。在创业计划书里可描述项目的产品（或服务）的盈利点，创业者短、中、长期的项目规划等；可重点描述产品和服务的特色、与竞争者的差异，客户选择本民宿产品和服务的理由，针对民宿市场确定不同的营销方式，在明确目标之后，决定怎样上市、促销、定价等，并且做好相关预算。

（三）精心设计民宿

随着旅游消费升级，用户需求呈现多样化发展，民宿消费者不再满足于低品质的住宿服务产品，更加关注追求个性化、特色化、品质化的旅游住宿产品。以宠物友好民宿和康养民宿为例，民宿消费者正在朝着精细化发展，未来的民宿消费者将对民宿提出更多小众且精细的需求。因此，为满足个性化的民宿消费者的要求，民宿经营者要对民宿进行精心设计，如细分民宿主题、充分融合当地文化等。

1. 民宿名字设计

民宿的定位是从一个名字开始的，好的名字能够传达该民宿的主题、定位，反映该民宿与当地环境资源的关系。比如浙江德清县"西坞里73号"被誉为中国最美民宿之一，以具体地址西坞里73号为名，方便游客查找。以地理位置命名，既简单大气，又最大程度上避免了重复性，占尽品牌打造的先机。

2. 民宿风格设计

民宿装修并没有一种固定的风格，融入当地特色和周围环境的装修才是最适合的。比如国内知名的民宿品牌花间堂，其位于丽江马帮首领宅院，拥有三百多年的历史，其编织院的装修融合了当地纳西族的大型木质结构，保留着纳西族日常生活气息，令无数艺术青年爱好者倾倒。

我们需要清楚地认识到民宿装修风格的确定离不开对民宿周围环境的考察和对当地人文特色的体验。未来民宿的设计风格，将更加讲究和追求艺术美，而不是一味堆砌流行元素或网红元素，要达到简约而不简单的境界，打造真正的网红民宿，增加用户的审美情趣。

3. 民宿空间功能设计

民宿的空间功能设计就是要把民宿定位的精神文化内涵化、空间化、物质化。民宿是旅客的住宿场所，只有让旅客住得舒服，民宿才会有好的口碑，才能吸引源源不断的客源，所以民宿空间功能的设计尤为重要。民宿空间组成一般包括院落、大厅（公共空间）、客房、餐厅、消毒间、布草间、停车场等。

（1）民宿院落空间。"有宅必有院"是中华民宿的传统，院落的有无是民宿与传统酒店最大的区别，院落的存在会使民宿更加有"民宿"的感觉。因此，民宿的院子不管大小，都要合理布局，让游客有停留休憩的空间。如丽江的民宿一般都设有天台，客人可以一边喝茶一边看玉龙雪山的美景。

（2）大厅（室内公共空间）。民宿与酒店不同之处在于：民宿更加注重民宿主与客人之间、客人与客人之间的交流。因此，民宿的大厅设计不仅要满足使用功能需求，还要满足接待、会客、用餐、聊天、休闲等功能需求。比如有的民宿会在大厅设置书吧，让客人可以在此静静地阅读、放松。

（3）民宿客房空间。民宿的客房数量不宜过多，一般而言，最多有15间客房，最少有5间客房。民宿的房间要保证绝对的私密性，客房最好拥有独立景观，比如私人小阳台。另外，民宿应配备面积稍大的家庭房，可以同时放置一张大床和一个小孩子的床。

（4）民宿餐厅空间。餐厅并不是民宿必备的空间，有很多民宿只提供住宿，不提供餐饮产品。但是为了方便客人，有些民宿也会提供有特色的餐食或简单的食物。如果有餐饮空间，民宿提供的餐饮产品在外观设计、装盘、菜品等方面要与民宿的主题文化保持一致。

（5）消毒间和布草间。既然民宿为客人提供住宿服务，那么其住宿产品和服务应该是标准化的，因此，民宿必须配备消毒间，并设置单独的布草间，满足布草摆放需要。

（6）停车场。民宿主应充分考虑停车场所的设置。一般民宿消费者以自驾游为主，因此，需要民宿周边有安全方便的停车场所。

（四）组建民宿运营团队

民宿是一个依靠人来从事相关工作的行业，需要组建志同道合并且稳定的团队，需要专业的人才来一起经营民宿，因此，搭建一个有凝聚力的团队至关重要。

（五）做好民宿管理与服务工作

1. 管理工作

民宿运营的标准首要是安全管理，包含社会治安、消防安全、突发状况应急措施等。其次是日常卫生管理，民宿运营方应建立各项卫生执行要求及标准。

2. 服务管理

民宿的服务依照民宿的新型体验类产品的特征，可将其服务划分为日常规范服务和个性特色服务。

（1）标准化服务保障民宿有序运营。民宿本质是住宿酒店业，作为服务业，建立一套标准流程化的服务极为重要，这能为有序运营提供保障。民宿主应依照这些标准的建立指导民宿员工的日常工作。对一些相对偏远或是体量较小的民宿来说，普通服务人员往往是附近居民，在缺乏经验的前提下，制定各项服务标准，做好岗前培训是非常关键的。

（2）以个性特色服务为民宿赋予温度。个性化服务是民宿品牌的核心要素，主要体现在三个方面：一是富有情调的空间场景布置；二是民宿人员的服务品质；三是特色配套服务提供。个性与标准两者之间矛盾的协调是成就民宿个性化服务的关键。

（六）做好民宿营销推广工作

经营管理一个成功的民宿，持续良好的运营服务与营销推广必不可少。硬件建设在完成之后，短期内无法做出较大改变，而运营服务与产品营销却有着无限潜力。

产品营销的方式和渠道多种多样。得益于互联网的发展，民宿的销售方式具有下沉式、在线化特征。在线销售的主要方式有社交网络、电商平台、口碑营销等。

1. 社交网络营销

社交网络包括微信、社群、微博、豆瓣、贴吧、各种旅游论坛等。对于体量比较小的民宿，社交网络可以发挥非常大的作用。运营者通过对社交平台的经营和挖掘，能够建立属于自己专有的社群，并扩充专属于民宿的会员体系。客人体验之后，也可以参与到社交媒体的传播当中，他们对产品的传播力度也更大。

2. 电商平台营销

成熟的旅游电商平台为民宿的推广和预定提供了完善的渠道，包括小猪、Airbnb（爱彼迎）、途家、携程、榛果、木鸟等交易型电商和以马蜂窝（原"蚂蜂窝"）为代表的电商。

3. 口碑营销

无论线上还是线下，口碑营销中忠诚消费者向周边人进行积极的口碑传播都是非常重要的，这种传播也是将潜在消费者转化为最终消费者强有力的工具之一。

根据2021年发布的《民宿蓝皮书：中国民宿发展报告(2020~2021)》得知，民宿经营者多采用同时选择多种线上旅游平台(OTA)进行销售整合的方式，其中70.42%的民宿主选择携程，54.01%选择美团，22.14%选择爱彼迎，32.82%选择途家。与此同时，民宿主们自行建成了自媒体营销宣传渠道。调研结果显示，有53.63%的民宿拥有微信公众号，43.32%有抖音，17.75%有独立网站，17.18%有小红书，15.65%有微博，从这些数据可以看出自媒体营销手段在民宿经营中受到普遍欢迎。另外，课题组调研数据显示，53.82%的受访民宿主表示通过线上旅游平台的获客贡献率在30%以下，从这个角度看，平台在推广效果上仍需继续努力，将互联网营销提到一个新高度。

 任务实训

假设你要开办一家民宿，请写一份开办民宿的策划书。

1. 创办民宿需要办理哪些证件？
2. 创办民宿的资金来源方式有哪些？
3. 民宿创办的步骤是什么？

项目三

民宿接待服务

项目概况

民宿属于第三产业中的服务业,一家民宿的特色、服务以及装修风格都算作是一家民宿的核心,而服务要排在首位。服务是一种无形商品输出,民宿时时刻刻都向客人输出服务产品。服务包括功能性服务与心理服务。功能性服务是解决客人需求,能够给客人提供便利。心理服务能让客人感到满意、有尊崇感和享受感。民宿应引进高素质、高质量、高水平的导游、营销和公关人员等,并针对当地旅游发展现状,对已经从事民宿业的原住民、员工和经营者加强教育和培训,为民宿创造一个更加稳定的方向和更加光明的前景。通过提高从业人员的素质来提升产品服务的质量和服务态度,为游客提供更舒心的民宿旅游体验。

任务目标

【知识目标】

1. 熟悉民宿的服务内容。
2. 掌握民宿管家的概念、工作职责和技能要求。
3. 熟悉民宿的前台、客房、餐饮的服务。
4. 掌握民宿的特色服务。

【技能目标】

1. 能根据民宿服务内容为客人提供优质的民宿服务。

2.能规范进行房间预订和销售服务。

3.能根据特色活动项目的设计原则设计特色活动项目。

【思政目标】

1.培养学生良好的职业道德与职业技能。

2.培养学生全心全意为住客服务的意识。

任务导入

民宿作为一种住宿接待产品,与酒店、旅社等也有一定的竞争性,它必须在设计、管理、服务上都有独特性,也应该具有一定的包容性。为住客提供的服务直接影响客人对民宿的评价与民宿的声誉。

任务一　民宿服务内容

民宿虽然和其他的住宿产品类似,但民宿也有其独特性,因此基本设施不应该以旅社或旅馆的标准来要求,民宿的房间通常以通铺、家庭式、套房式为主。应严格规范民宿的安全设施,合理设置周边的停车场及大小、景观设计、户外活动场地等。而服务的好坏直接影响到客人入住体验。服务可以成为民宿的卖点,做好服务永不过时。硬件不足服务补,优质的服务能够弥补客栈民宿在硬件上的缺陷。

一、服务体系

服务内容主要包括服务要求、服务态度、服务质量、服务执行等。

1.服务要求

(1)能超出住客预期的服务,能够给客人带来惊喜,赢得客人的青睐。

(2)根据不同的客人提供灵活性的服务。

(3)细心、耐心、主动、周到、热情能够有预见性为客人服务。例如客人从外面买了一些水果回来,可以主动询问客人是否需要水果刀及果盘。

(4)打破常规的服务,换位考虑问题,宾客至上。

2.服务态度

好的服务态度包括热情、主动、礼貌用语、眼勤、口勤、脚勤、心勤等。在网络评论上和投诉单子上,经常看到差评中写道服务态度很差或者服务态度恶劣。例如,"想要用衣架,给前台打了三次电话都没送来",这条差评就是由服务不及时引起的。服务差评中，很大一部分是由服务态度差发生的，在服务过程中，一定要有好的服务态度，一定要重视客人的需求，第一时间帮助客人解决需求和提供所需要的服务。

3. 服务质量

好的民宿服务质量有以下三个标准。

（1）切实解决了客人难以处理的问题。

（2）服务超出了客人的心里预期。

（3）服务形式得体、考虑周全。想客人之所想，想客人之未想。

4. 服务执行

民宿的服务也可以标准化。细心观察客人的行为举动，随时为客人提供主动、预见性的服务。例如客人从外面买了一些食材，可以主动询问客人是否需要灶具和厨具。其实服务是具有时间性和空间性的，服务贯穿着客人预订、入住、离开三个阶段。客人在网上预定后，我们的服务就已经开始了。

服务的关键在于能够有效地执行。民宿从掌柜、前台到清洁人员都是服务的执行者。

（1）民宿需进行人员服务培训，提高服务意识及服务能力。

（2）有效刺激员工，设置奖与罚制度，来提高服务质量。如被客人点名表扬的员工，可以给予物质和精神奖励，如在评论中被客人表扬的员工，可以发奖金。

（3）部分服务内容流程化，按照流程认真执行。

（4）关注员工心理状态，服务的好坏与员工的状态有很大关系。发现员工状态不对，要及时了解原因，并及时与员工进行沟通。

5. 服务中需注意的几个小细节

（1）服务具有时间性和空间性，贯穿着客人预订、入住、离开三个阶段。客人在网上咨询关于入住信息，服务其实就已经开始了。

（2）服务做到最好就是让客人始终处于一种很舒服的状态中。让客人感觉不到是刻意为之，自始至终是一种真情流露关怀，不要为了服务而服务，从而忘记了服务的本质。

（3）在旺季入住率高时，客人的要求问题随之增多。这时要把客人各种要求问题记在本子上，根据要求的轻重缓急一一去解决，以防忘记或者遗漏，导致客人不满。

（4）和客人进行有效沟通，对客人提出的要求要理解到位，以防对客人提出的要求理解片面或者有误，在解决过程中不符合客人的真正要求。客人提要求，也存在没讲清楚的时候，但是服务人员要询问清楚，不要根据自己理解的去处理事情。

（5）不要把个性化服务当作标准化服务来做。个性化服务只能适应某个客人、某个群体客人，并不一定适应所有类型的客人。

二、具体的服务

（一）接待工作的基本服务

（1）客人下单后，及时做好登记，减少其他平台的房间数，随时进行房间状况的更新。

（2）提前两个小时告知客人注意事项和本店的住宿情况。

（3）客人到达后，安排停车和办理好入住登记，安排服务员送上新鲜水果或者特产。陪同客人度过有趣的一天。

（二）功能性服务

（1）及时与住客取得联系，了解住客的相关情况，提醒客人携带必需品和掌握客人的特殊要求，为客人提供一站式的服务。

（2）根据客人的特殊要求和住宿习惯来布置房间以赢得客人的喜欢。

（3）为客人解决出行的问题，帮助住客规划旅游行程，预订车辆、门票等。

（4）提醒服务。注意在客人的重要日程中提前一天提醒住客。

（5）为住客提供叫醒服务，以免耽误客人的行程。

（6）细节服务。随时为客人准备他们需要的物品，为客人准备好特殊的物品，如小孩的尿不湿、婴儿椅、厨具菜品等。随时了解客人的动态。

（7）教育服务、娱乐服务、卫生服务、安全服务与售后服务等。其中，安全服务主要包括入住前的安全、入住中的安全和入住后的安全。

（三）心理服务

（1）了解客人的动态，并及时予以帮助。

（2）把客人当亲人与朋友。

（3）服务态度要认真、热情、主动、尊重、礼貌等。

（4）服务形式要得体、考虑周全，服务方式要灵活。

（四）接待人员礼仪要求

接待人员应举止文明、彬彬有礼、尊重他人，并善于控制自己的情绪，塑造自己的仪态美。主要要求如下。

1. 站姿要求

正确的站姿：头正，颈直，收下颏，挺胸，双肩平、微向后张，使上体自然挺拔，收腹，收臀部，两腿挺直，膝盖相碰，脚跟略分开。对男士来讲，双腿张开与肩同宽，身体重心落在两腿中间、脚的前段的位置上。两臂自然下垂，双手垂于体侧，或右手搭在左手上，贴放于腹部，两眼平视前方，表情自然明朗，面带微笑。

错误的站姿：闭嘴，垂头，垂下巴，张嘴，含胸，耸肩，驼背，腹部松弛，肚腩突出，曲腿，双腿分开的距离过大，双手抱于胸前或将手插于裤兜里，耸肩勾背、倚靠物体，懒洋洋，无精打采。

2. 坐姿要求

正确的坐姿：坐下之前应轻轻拉椅子，用右腿抵住椅背，轻轻用右手拉出，切忌发出大的声音；坐下的动作不要太快或太慢、太重或太轻，应大方自然、不卑不亢、轻轻落座；坐下后身体正直，不要前倾或后仰，双肩齐平，上半身应与桌子保持一个拳头左右的距离，坐满椅子的三分之一，两腿、膝并拢，脚自然着地，一般不要跷腿，两脚踝内侧互相并拢，两足间约 10 厘米，肩部放松，手自然下垂、交握在膝上，五指并拢。坐着与人交谈时，双眼应平视对方，但时间不宜过长或过短；也可使用手势，但不可过多或动作幅度过大。

错误的坐姿：拖出椅子时发出刺耳的声音，或一屁股就坐在上面，给人不稳重、粗俗的印象；只坐一个边或深陷椅中，瘫坐在椅子上或坐满椅子，双脚交叉；足尖翘起；半脱着鞋；两脚在地上蹭来蹭去；跷二郎腿；频繁摇腿；一手放在沙发或椅子扶手上，另一只手放在膝上；坐时手中不停地摆弄东西，如头发、饰品、手指、戒指之类或手舞足蹈。

3. 走姿要求

正确的走姿：速度适中，几个人一起走路应尽量保持步调一致，头正颈直，两眼平视前方，面色爽朗，上身挺直，挺胸收腹，两臂收紧，自然前后摆动，身体重心在脚掌前部，两腿跟走在一条直线上，脚尖偏离中心线约 10°，脚步应稳重、大方、有力，靠道路的右侧行走。上下楼梯时，应让尊者、女士先行。

错误的走姿：速度过快或过慢，低头、歪脖、左顾右盼，盯住别人乱打量，身体摆动不优美，上身摆动过大，含胸，双臂摆动过大或不动，扭动臂部幅度过大、挺腹，脚步笨重、拖拉，手插在衣兜或裤袋里，双手撑腰或倒背着手，行走时吸烟、吃东西、吹口哨、整理衣服等。

4. 手势礼仪要求

做"请"的手势时，要在标准站姿的基础上，将手从体侧提至小腹前，优雅地划向指示方向。这时应五指并拢，掌心向上，大臂与上体的夹角在30°左右，手肘的夹角在90°到120°之间。同时，工作人员要用亲切柔和的目光注视客人，并说"有请！"的话（图3-1）。

图3-1 "有请"手势

很多时候需要用到指引手势。在指引的过程中要用手掌，并且要求掌心向上，因为掌心向上的手势有诚恳、尊重他人的含义。

做指引手势时，工作人员可以站在被指引物品或道路的旁边，右手手臂自然伸出，五指并拢，掌心向上，手掌和水平面呈45°角，指尖朝向所要指引的方向。以肘部为轴伸出手臂（图3-2）。在指示道路方向时，手的高度大约齐腰，指示物品的时候，手的高度根据物品来定，小臂、手掌和物品呈直线。无论是指人还是指物，都不能用食指指点。

图3-2 指引手势

5. 引导礼仪

（1）在走廊的引导方法。接待人员在客人二三步之前，配合步调，让客人走在内侧。

（2）在楼梯的引导方法。当引导客人上楼时，应该让接待人员走在前面，客人走在后面；若是下楼时，应该由接待人员走在前面，客人在后面。上下楼梯时，接待人员应该注意客人的安全。

（3）在电梯的引导方法。引导客人乘坐电梯时，接待人员先进入电梯，等客人进入后关闭电梯门；到达时，接待人员按"开"的按钮，让客人先走出电梯。

（4）客厅里的引导方法。当客人走入客厅时，接待人员用手指示，看到客人坐下后，才能行点头礼离开。如客人错坐下座，应请客人改坐上座（一般靠近门的一方为下座）。

6. 递接物品要求

应使用双手递接物品，并考虑借物人的方便。

7. 递接物品礼仪要求

递物时须用双手，表示对对方的尊重，例如递交购买的物品，要把物品正面（能看见名称和说明的地方）朝上；接物时要身体前倾一步，用双手接住，并表明谢意。

8. 语言礼仪

与客人交谈时，首先保持站姿端正，无任何小动作。正面对着客人，表情自然大方，态度亲切、诚恳。谈话清晰易懂，注意语音、语调、语速及节奏感。正确提及客人姓名并在后面加上先生、女士、小姐等称呼用语。谈话中如想咳嗽或打喷嚏，应先说声对不起，再转身向侧后下方，同时尽可能用面巾遮住。

9. 迎接礼仪

有客人来访时，应立即与之打招呼，应该认识到大部分来访客人对民宿来说都是重要的，要表示出热情友好和愿意提供服务的态度。若正在打字应立即停止，即使是在打电话也要对来客点头示意，但不一定要起立迎接，也不必与来客握手。

主动热情问候客人：打招呼时，应轻轻点头并面带微笑。如果是已经认识的客人，称呼要显得比较亲切。

10. 接待礼仪

客人到来进行来访登记后，前台接待人员应该运用正确的引导方法和引导姿势。客人到来时，应该向客人提供茶饮和杂志，如果可能，应该时常为客人换饮料。

11. 电话礼仪

通过电话，应给来电者留下一个礼貌、温暖、热情和高效的形象，因此前台接待人员在接、打电话时要遵循以下礼仪要求：接打电话时绝对不能吸烟、喝茶、吃零食，而要保持端正的姿势，同时说话清晰，声音亲切，当作对方就在眼前。

（1）接电话的礼仪

① 迅速准确地接听。听到电话铃声，应准确迅速地拿起话筒，最好在3声之内接听，不要让铃声响过5声。若长时间无人接电话，或让对方等是很不礼貌的，如果电话铃响了5声才拿起话筒，应该向对方道歉。如果电话响了许久，接起电话只是"喂"了一声，对方会十分不满意，会给对方留下恶劣的印象。要用喜悦的心情，愉快地接听电话。拿起电话应用亲切、优美的声音自报家门，"您好，这里是××民宿前台"。询问时，应注意在适当的时候根据对方的反应再委婉询问。一定不能用生硬的口气说"打错了""不知道"等语言。电话用语应文明、礼貌，态度应该热情、谦和、诚恳，语调应平和，音量要适中。

② 转接电话。不同的来电者可能要求转接到某些人。任何找管理者或领导的电话必须首先转到相关的秘书或助理那里，这样可以保证管理者或领导们不被无关紧要的电话打扰。若来电要找的人电话占线，要询问来电者是否愿意继续等待，若"是"就让其"稍等"，若"否"则询问其来电事由，是否可以转告等。这样就不会误事，而且会赢得对方的好感。

③ 认真清楚地记录。前台工作人员在接电话时，要将电话内容随时记录，这些记录应简洁完整，最好具有以下6点内容：何时(When)、何人（Who）、何地（Where）、何事（What）、为什么(Why)、如何进行（How）。

④ 复述来电要点。电话接听完毕之前，不要忘记复述一遍来电的要点，以防止记录错误或者偏差而带来误会，也可使整个工作效率更高。例如，应该对时间、联系电话、区域号码等各方面的信息进行核查校对，尽可能地避免错误。

⑤ 挂电话前应有礼貌。电话交谈完毕时，应尽量让对方先结束对话，然后彼此客气地道别，说一声"再见"再挂电话，不可只管自己讲完就挂电话。若确需自己来结束，应解释、致歉。通话完毕后，应等对方挂断后再轻轻地放下电话，以示尊重。当你正在通话，又碰上客人来访时，原则上应先招待客人，此时应尽快和通话对方致歉，得到许可后挂断电话。不过，电话内容很重要而不能马上挂断时，应告知来访客人稍等，然后继续通话。

（2）打电话礼仪

工作时间禁止接、打私人电话。因工作需要，打电话时要注意以下要求。拟好通话要点。前台工作人员应在打电话前准备好通话内容，若怕遗漏，可拟出通话要点，理清说话顺序，备齐与通话内容有关的文件和资料。电话接通后，首先通报自己的姓名、身份。必要时，应询问对方是否方便，在对方方便的情况下再开始交谈。电话用语应文明、礼貌，电话内容要简明、扼要。"您好""请""谢谢"等词语应不离口。同时应注意语调，切不可高声大喊、装腔作势或拿腔捏调、嗲声嗲气，更不能粗暴无礼。通话完毕时应道"再见"，然后轻轻放下电话，以免让人感到粗鲁无礼。

任务实训

学生角色扮演民宿服务员，进行对客服务。

复习与思考

1. 民宿服务员服务中应注意哪些细节？
2. 民宿接待人员应符合哪些礼仪要求？

任务二　管家服务

管家顾名思义，就是充当客人的"私人管家"，提供管家式的服务，他是客人全程接触的第一人，处理客人各种要求、预订、预约、问题，提供一站式服务。如帮助客人安排车辆，规划旅游行程，预订门票、旅游导游等。管家式服务分一对一管家服务、一对多管家服务。管家式服务对于客人来说是一种享受体验型服务。限制于人力成本等诸多因素，管家式服务比较适用于精品高端民宿，为主人提供无缝隙的服务，"私人管家"的终极任务是通过时时刻刻的悉心照料让客人有一个舒适、享受、难忘的住宿经历。总之，就是在满足客人基本要求的基础上，提供超越客人预期的服务，要做到没有管家想不到，只有客人想不到，即使客人想得到，管家也能做得到。管家代表着民宿的整体形象，应具备较高的专业技能和综合素质，能很好地打理客人住店的各种需要，有温度、有人性化地为客人提供跟进性的服务。管家充当很多角色，具体可以分为基本角色和特殊角色。其中，基本角色如前台、客账管理、没有客房服务员还要充当客房服务员；特殊角色如活动策划者、导游等，规模较小的民宿管家还要当厨师。

管家主要做好接待工作，客人到店后要做门童替客人提拿行李，打伞，递冷热毛巾，做客房服务等。管家可以根据服务态度得到客户平台好评，为提高民宿网络排名和评分起到巨大的作用，因此可以用好评算绩效考核的奖金。管家的工作比较繁杂，必须监督并发现日常工作中存在的问题并及时解决，比如提前视察房间卫生是否到位，空调水电是否正常等。管家是机动人员，必须对所有岗位都熟悉，可以做前台的工作，可以做保洁客房的工作，可以做餐厅服务员，一般店长是从管家中挑选胜任，优秀的管家可以委任为储备店长。

一、管家的工作职责

（1）为客人提供接待、入离店手续办理、房间预订、线上房客咨询及售后服务，全面负责民宿的日常运营，管理线上各流量平台的订单，接受预订，关注房态，解决客人住宿遇到的问题。

（2）随时掌握民宿的实时房态，合理进行流量控制，做到收益最大化，并处理需要特殊安排的订房；维护流量平台及民宿的各类运营指标，关注平台网评，通过咨询转化及平台推广完成任务指标。

（3）负责提前与房客联系沟通，了解抵离店时间，在房客抵店前，做好客人抵达的迎候工作或引导客人自助入住；负责所属客人在店期间的饮食、住宿以及其他需求。

（4）负责以自身特长或店内各类培训，能在日常工作中体现出一种生活方式，引导客人并形成良性互动；负责客房抵达前的查房工作，客人抵店前做好客房间的检查工作，引导客人至客房，介绍周边信息等。

（5）负责组织、执行店内的各类体验式服务和活动；负责对客人住店期间的意见征询，了解客人的需求，确保客人的需求得以适当的解决和安排；负责准确了解当地旅游和商务信息资料，适时向客人提供建议。

（6）负责客户关系的后期维护；负责各房间易耗品的及时补充和采购；负

责民宿每月水电气费用申报；负责对管理的客房养护工作，包括房屋设施设备检查、房屋维修、房屋物品盘点等，确保房屋状态良好。

（7）协调保洁及日常房源维护。配合运营经理的日常工作。每月对经营情况进行分析，提出有效措施，改进管理，提高效益。了解采购部食品原料的进货渠道及价格，并核对进货库存情况，采取降低成本、减少库存的有效措施，并控制好成本核算，提高毛利率。

（8）负责民宿所有物资进出情况的汇总统计，以及月消耗情况的盘存统计等工作；督促民宿维修保养和安全管理工作日常的房源情况走访。

（9）确保入住率及数据、对账等。负责做好民宿酒店与各界人士的公共关系，树立民宿良好形象。

（10）掌握客人离店时间的准确信息，负责欢送客人离店，安排保洁服务。

（11）为客人提供安排车辆、叫醒服务，或者提供一些派送快递服务等。

（12）为客人准备一些店里的小饰品或者小零食。根据客人入住习惯准备客房，收集客人生活习惯及喜好，按照VIP和婚房房间布置标准准备房间；按照标准流程检查验收客房、公共区域和工作间卫生；对客服务时，进行简单的沟通交流，得知客人意见反馈，及时汇报任何有关客人的投诉。

（13）了解客人的满意程度，确保客人将满意带离，将记忆回忆留在心里。

（14）离店后要做好客人的档案管理，比如客人的来处、职务、年龄、性别、身份，此次的目的，甚至可以为客人拍照。

（15）如果有客人遗留物品，做好清洗保养和存放，如果客人需要邮寄，也需要按照要求邮寄过去。

（16）在客人离开以后，要第一时间为客人发送一条离店短信。比如"尊敬的××（或者帅气的××，或者美丽的××），我是来自××的××，是你在居住期间的管家，我已经将今天的天气预报用短信告诉您了，望您愉快。"最后，要做好客人在居住期间的管家日志。

二、民宿管家岗位要求

（1）喜欢旅游，热爱田园生活。
（2）善于发现美好的景色，喜欢摄影。
（3）有一定的网络推广能力。
（4）对民宿有一定的了解，能热诚为喜欢乡村旅游的客人服务。
（5）诚信，勤奋，愿意将民宿作为自身发展的事业。

（6）具有强烈的工作责任心及主动服务的意识。

（7）能独立处理前台系列账目，保证民宿收入安全。

（8）能独立操作公安系统软件，保证客人入住合法性；根据店长要求和每月计划，完成每月的销售业绩指标，确保了解房内各项设施的使用，并确保正确协助客人。

（9）确保客人能得到快捷及礼貌的服务；根据客人的区域特点了解客人的不同需求，针对性地提供贴心周到的服务；熟悉民宿周边环境，给客人的行程安排提供便利。

（10）提高客人的满意度，通过分析宾客意见建议提高服务质量；确保住店客人能受到额外关注，尤其是贵宾、长住客、回头客及其他贵宾。

三、管家的知识与技能要求

（一）知识要求

为了完成岗位职责和接待服务，给客人提供优质的服务，民宿管家应具备以下三个方面的知识。

1. 丰富的文化知识

住客的身份具有复杂性，文化程度不同、背景不同等，要根据客人的实际情况制定相应的策略，主动察觉到住客的需求，要将应答服务变为提前服务。这就需要管家具备丰富的文化知识。管家应该是一个杂家，了解地理、历史、国际、政策法规、心理学等相关知识。

2. 民宿相关的知识

住客对民宿的环境比较陌生，管家需要把民宿的相关信息快速地告知客人，使客人很快熟悉周边的旅游、交通及民宿的经营特点、经营理念等。

3. 专业运营管理知识

包括企业财会知识、线上线下的运营知识、人员管理知识。

（二）技能要求

技能要求是指在为客人服务的过程中所需具备的技能。服务技能主要包括专业服务技能、个性化服务技能及主观能动性服务技能。

1. 专业服务技能

（1）处理客人的各种要求、预订、预约、问题等。

（2）帮助客人安排车辆、导游及预订门票等。

2. 个性化服务技能

（1）把客人当作独立的个体，灵活地为其服务。

（2）也要具备客房服务技能，烹饪、调制咖啡、摄影等技能。

3. 主观能动性服务技能

（1）客人住店期间管家要为客人提供主动性的服务。

（2）主观能动性是评价一名管家是否合格的参考依据。

所以，民宿应随时提高管家的服务素养及工作能力。由于管家的工作内容要求多样，管家要一职多能，如会开车，会讲解景点，会维修，能陪聊等，需要跟客人建立好关系，了解客人的需求等。

任务实训

学生填写管家日报表。

管家日报表

日期：_____　　　　管家姓名：_____

项目	内容	管家签名
迎送宾客		
客房服务		
宾客拜访		
投诉处理		
其他工作		

复习与思考

1. 民宿管家的概念是什么？
2. 民宿管家的工作职责有哪些？
3. 民宿管家应具备哪些知识与技能？

任务三　前台服务

民宿前台服务是民宿整体服务的重要组成部分。前台是客人入住民宿的第一个接触点，是离开民宿的最后一个接触点，也是民宿的中枢神经系统和信息处理中心，前台服务几乎涉及民宿提供的每项对客服务内容。客人在住店期间，前台在每一阶段所提供的服务，是对客服务的全过程。传统上这个业务流程可以分成四个阶段，分别是抵店前、抵店、住店和离店。民宿前台需要时刻了解客人入住期间所有阶段发生的对客服务和客人账目有关的活动，进而可以根据客人的需要提供高效的服务。

前台主要负责网络的接单，订单系统的登记，接电话，登记入住，开票兼会计，跟踪服务客户等。手机必须 24 小时保持开机状态，必须对民宿的价格体系以及客房状态特别清楚。如果遇到要求比较高的客人，自己又做不了主的，可以把客人交给店长处理。

前台的职能：销售客房与客房状态的管理，信息的收集与处理，对客服务与管理，员工的出勤控制，钥匙管理及发放客用物品，处理客人投诉及遗留物，档案管理及疑难问题的处理，与其他部门的联系及申报工程维修单等。

民宿前台的服务内容主要有以下几方面。

一、销售客房

销售客房是民宿前台的首要任务。客房虽不是民宿的核心产品，但是其销售收入也占据相当大的比重，同时，客房商品具有不可储存的特点，因此能否有效地推销客房，将很大程度上影响民宿的经济效益。民宿前台客房销售主要由以下两方面的工作组成。

预订销售：预订是前台管理和服务的中心环节之一，通过预订可以保证客源。前台一般会负责客房预订服务，订房是否成功往往取决于前台服务人员的主动推销意识、推销技巧、数量程度以及对客房产品的熟悉程度。预订销售包括网络预订和电话预订，并以网络预订为主，辅以电话咨询。

在受理预订时，要全面了解预订客人的预订信息，如姓名、人数、电话、抵离店日期、所需房型、特殊要求等。及时更新房态，并给客人出具预订确认书。在客人预计入住时间，与客人进行预订复核，了解客人的需求变动情况。

接待销售：接待对客服务是前台的重要服务内容，指民宿前台对未经预订而直接抵店的客人销售客房，这样的情况较少，但也存在。其服务包括抵店服务、入住时的接待服务、离店时的送客服务。要求服务人员在接待这类客人时，需要表现出强烈的服务意识和良好的沟通推销能力。在客人感到宾至如归、温馨舒适的同时，适时向客人推销客房或其他服务产品。对于已经预订了客房的客人来说，主动介绍民宿其他服务项目，会对客人的消费产生刺激和导向作用，形成二次推销。

二、提供综合服务

作为直接向客人提供各类服务的前台，其服务范围包括迎送宾客服务、行李服务、问询邮件服务、电话总机服务、接受和处理投诉服务等基本服务，以及民宿的特色服务，如民宿主题服务、游览介绍服务、民宿购物等。客房服务、餐饮服务等方面共同构成民宿的整体服务，强调"服务到位"，使客人对民宿留下满意深刻的印象。

三、提供信息服务

民宿前台是客人汇集活动的场所，民宿业主和服务人员与客人保持着最多的接触。因此，应随时准备向客人提供其所需要和感兴趣的信息资料，如交通、餐饮、购物、游览等详细和准确的信息，并在显眼的区域放置或公布相关信息，使客人感觉到温馨、方便。另外，前台作为信息传递中心，要及时准确地将各种信息加以处理，传递给其他管理部门，为其经营决策提供参考依据。

四、协调对客服务

民宿服务是既有分工又有协作的有机整体，民宿服务质量的好坏取决于客人的满意程度。客人的满意程度是民宿每一次具体服务所形成的一系列感受和印象的总和。在对客人服务的全过程中，任何一个环节出现差错，都会影响到服务质量，影响到民宿的整体声誉。民宿前台在统一协调对客服务过程中发挥着重要作用，可提供客人对客房的个性化需求、客人对活动的个性化需求等，方便其他部门提供及时的服务。

五、控制客房状况

民宿前台一方面要协调客房销售与客房管理工作，另一方面还要能够在任何时候正确地反映客房状况。在协调客房销售与客房管理方面，前台应提供准确的客房信息，防止过度超额预订，避免工作被动。另外，前台应及时向客房部通报实时和未来的预订情况，便于其安排卫生计划或调整劳动组织工作。正确反映并掌握客房状况是做好客房销售的先决条件，也是前台管理的重要目标之一。

六、管理客账

民宿前台为登记入住的客人提供一次性结账服务，为客人建账、记账，并为离店客人办理结账、收款或转账等事宜。前台可以在客人预订客房时商定并建立客账（收取订金或预付账），也可以在客人办理入住手续时建立客账。

七、建立客史档案

前台要为所有入住过民宿的客人建立客户档案，一方面随时了解客人入住民宿的情况、特殊要求、客人的禁忌等，方便完成接待服务工作。另一方面方便民宿主人对消费群体的分析、潜在客源的挖掘，提升民宿的经营状况。也为今后客人再次入住提供服务参考，以提高民宿的销售能力和服务的针对性，赢取回头客。

八、民宿经营数据的管理

从客人抵店入住开始，前台就开始为住客提供客账管理服务。客账管理关系到民宿的收支状况，因此是民宿的经营数据管理的重要组成部分。建立客账是为了记录客人在民宿的消费情况，以保证民宿的营业收入，协调好接待服务工作。

九、问询服务

宜提供现场、电话、网络等多种咨询方式，能准确和耐心解答民宿地址、位置、客房价格、主题特色以及当地民俗文化等常见问询问题。

十、预订服务

宜提供可供网上查询的民宿相关动态信息，信息应客观、真实。宜提供现场、电话、网络等多种预订方式，预订手续便捷，预订信息有效。遇客房预订已满情形，可向客人推荐周边民宿。遇订单变更或取消情形，应及时、有效处理。

十一、民宿前台增值服务

民宿前台可提供增值服务，以提高住客的满意度（表3-1）。

表 3-1　民宿前台增值服务

项目	内容
水果茶水服务	住客前台等候、夜床服务时
花卉摆设服务	前台布置（植物忌多杂）、客房点缀
提前联系服务	提前与客人联系确认相关信息，住宿期间主动联系客人
告知信息服务	接待客人时告知民宿信息、特色活动信息

任务实训

同学们到校内前厅实训室角色扮演客人和服务员进行前台服务。

复习与思考　民宿前台的服务内容有哪些？

任务四　客房服务

客房是民宿的基本设施和主体部分，也是民宿的重要组成部分，如图 3-3 所示。民宿，是一种生活的体验；而住，是这个体验不可或缺的重要环节。客房是向客人提供休息睡眠的主要空间，供应生活用品，为客人创造清洁、舒适、安全、温馨的休息场所。如何打造有特色的客房，传统酒店更讲究住的功能性，而民宿更注重住的体验性。客房收入是民宿经济收入的主要来源，客房部的管理直接影响民宿的运营管理，应给住客提供安全、干净、卫生的住宿环境，亲切礼貌的服务态度，赢得客人的青睐，取得回头客。客房基本功能设计包括睡眠空间、书写及梳妆、起居、储藏、盥洗。客房服务的主要内容有以下几方面。

图 3-3（见彩插 4）

一、引住客进房服务

引住客进房服务步骤及标准如表 3-2 所示。

表 3-2　引住客进房服务步骤及标准

步骤	标准及要求
引领客人进入客房	在客人左前方或者右前方大约 1 米处带领客人，途中介绍民宿的相关情况并热情地回答客人的问题；敲门打开房门，告知客人这是他的房间，退到门边，请客人先进
介绍房内的设施设备	根据客人情况作介绍，告诉客人联系方式以及时联系，预祝客人住得愉快，面向客人关上房门退出房间
做好记录	在管家服务日报表做好记录

二、客房部的主要工作内容

（1）负责客房及公共区域的清洁与保养，为客人提供舒适的住宿环境。

（2）为住客提供一系列的服务，使其在逗留期间感到方便和满意。

（3）不断改善人、财、物的管理，以提高效率、增收节支。

（4）为其他部门提供一系列的服务，保证民宿整体工作的正常进行。

（5）根据气候和不同地区的实际需要，宜在客人到达前保持客房温度适宜、空气清新。

（6）位于山区、海边的民宿，宜根据当地的气候条件采取必要的防潮或除湿措施。

（7）宜主动引领客人至客房，介绍入住服务内容，帮助客人熟悉客房设施设备的使用方法，告知注意事项。

（8）根据需要，宜提供多种规格的寝具，寝具铺设应方便就寝。

（9）宜配有当地民俗文化、农副土特产品、休闲农业和乡村旅游精品线路介绍、卫生防病宣传等资料。

三、客人入住前服务流程

确认客人订单后，应第一时间找到客人联系方式，主动联系客人，了解和做好以下工作。

（1）告知客人已经预订成功，并请客人再次确认入住信息，如入住时间等。

（2）询问客人出行的有关信息：①乘坐什么交通工具，是火车、汽车、飞机还是自驾游等，把航班及车次信息备注到工作本或者房态管理软件上。②到达的大约时间，是否需要接车。

（3）出行情况：旅游、商务还是度假等。

（4）结伴情况：独自出行，情侣、朋友、夫妻结伴出行。同行中是否有小孩或者老人。

（5）饮食方面有哪些禁忌。

（6）有没有行程规划。

（7）添加客人微信，给客人发送店址地图信息及乘坐车辆信息。

> **案例**
>
> **入住前两个案例比较**
>
> 案例1：客人在某个平台上预订了A民宿一间房。A民宿的前台人员收到信息后，把客人的入住信息登记后就完事了。
>
> 案例2：客人在某个OTA平台上预订了B民宿一间房。B民宿的前台人员收到OTA后台信息后，把客人的入住信息登记下来。然后找到客人的电话号码，第一时间与客人联系。
>
> 首先欢迎客人预订并告诉客人已经预订成功了。然后询问客人的情况，几个人过来，是不是带小孩或者有老人随行，有没有一些特殊的要求。最后，跟客人要到微信号，添加了客人的微信。在微信里把民宿的地点及交通路线给客人发过去。同时，查了一下客人入住日期的天气状况，提醒客人。
>
> 分析上面两个案例，第一个案例是种被动接受，对客人的信息了解有限。第二个案例工作人员主动出击，对客人的信息有了一个很全面的掌握和了解，然后根据客人的信息做出一些有针对性的安排。

四、客人入住期间服务流程

搜集客人资料，加以整理，根据客人的个体情况做一些针对性的服务安排。如客人是情侣出行，房间布置得浪漫一点；客人有老人小孩随行，应安排低楼层、光照好的房间，客房里提前准备一些小孩子用品，如儿童图书、小玩具；客人夜间到，给客人准备一些夜宵。

五、客人退房后服务流程

①在最短的时间内办理好退房手续。②送给客人一瓶水或者一些其他的小礼品。③把客人的行李搬上车，和客人说再见。④之后发短信询问客人是否安全到达目的地。

六、为客人提供洗衣服务

洗衣程序：客房内均配有洗衣袋或洗衣单以收取客衣，客人可以把衣服放在客房门口待服务员收取，也可以通知服务员去收取。服务员一般在下午3点以后按房号送客人的衣服，所以客人的衣服都要悬挂，请客人签收，把账单交给收银处记账。

洗衣服务的注意事项：收取客衣时要清点衣服数量是否与客人所填写的相吻合，如有错当面与客人说清楚并纠正。要检查衣服有没有破损与污迹，避免不必要的麻烦。查看衣服是否会褪色或缩水并记录清楚。分为快洗和慢洗，费用差价应给客人说明。

七、擦鞋服务

民宿房内配有鞋篮，客人可以将要擦的鞋子放在鞋篮内，用纸条写好房号放入鞋篮内或打电话通知，或者放在房内比较显眼处待服务员及时收取。将鞋篮放在工作间待擦，要按规范擦鞋，要擦亮、擦干净，一般半小时后将擦好的鞋子送到客人房间内，或者放在民宿规定的地方等待客人来取。

八、房间内的小酒吧服务

配有酒水、饮料、零食，向客人进行酒水的推销，随时做好酒水的补充，由服务员每天上午换茶具和布置夜床时进行检查，如有饮用立即补充，将饮料的品种和数量记录在工作单上开好账单，填写饮料消耗表，请客人签字确认。

九、会客服务

主要是为客人准备好会客前的准备工作，问清楚客人的来访人数、时间，是否要准备鲜花、水果、食物等，有无特殊的要求，在来访前的半小时之前做好所有的准备。并协助客人将来访者引领到客人房间，送水和饮料等，根据客人的要求提供服务。访客离开后，应及时清洁客房卫生，做好访客的来访记录。如已超过访客的时间（一般是晚上11:30以后）来访者还未离开，可以先打电话给客人，提醒住客，以免发生不安全的事故。对住客没有送来访者的客人要留意关注。

十、托婴服务

由住客填写婴儿看护申请单，服务人员一般是由经过护婴专业训练的人担任。

托婴服务注意事项：不能随便给小孩东西吃；不能带出民宿；不能随便托给别人管；不能让婴儿到危险的地方；若照看期间小孩突患疾病，应及时请示主人或管家以妥善处理。

十一、客房服务员应正确使用服务用语

要掌握四个要点：

（1）语言完整，合乎语法，简明扼要。
（2）表情真切，注意客人，面带微笑。
（3）口齿清楚，语音适当，必要时配合手势。
（4）保持口腔卫生，不可离客人过近或过远。

十二、敲门通报、等候客人反应的具体步骤

（1）敲门前先确认门上是否挂有请勿打扰牌。
（2）站在距房门约1米远的地方，不要靠门太近。
（3）用食指或中指敲门三下（或按门铃），不要用手拍门或用钥匙敲门。同时，敲门应有节奏，以引起房内客人的注意。
（4）等候客人反应约5秒钟，同时眼望窥视镜，以利于客人观察。
（5）如果客人无反应，则重复（2）、（3）、（4）的程序。
（6）如果仍无反应，将钥匙插入门锁轻轻转动，用另一只手按住门锁手柄。不要猛烈推门，因为客人可能仍在睡觉，或许门上挂有安全链。
（7）开门后应清楚地通报"整理房间"，并观察房内情况。如果发现客人正在睡觉，则应马上退出，轻轻将房门关上。
（8）敲门后，房内客人有应声，则服务员应主动说"整理房间"，待客人允许后，方可进行房间的清扫。

某民宿客房卫生清扫小王，推着工作车来到某房间门口，顺手拿出工作钥匙打开房门，径直走进房间去开窗。不料房内一位男客人穿着内裤正在床上休息，见小王进来，已回避不及，又尴尬又气急，恼怒之下拿起电话投诉。

客人为什么要投诉？

①小王没有满足客人求尊重的心理，侵犯了客人的隐私权。因为客人一旦租用了客房，该客房的使用权就属于客人，作为客人的私房，任何人要进入客房，必须先敲门、通报，征得客人的同意，方可进入客人的房间。②服务员小王打开房门后，没有观察房内的情况，就径直走进房间去开窗。

小知识

客人一旦进入房间，该客房就应看成是客人的私人空间。因此，任何客房服务员都不得擅自进入客人房间，都必须遵守相应的规定：

① 例行的客房清扫工作，一般应在客人不在房间时进行；客人在房间时，必须征得客人同意后方可进行，以不干扰客人的活动为准。

② 养成进房前先思索的习惯。

③ 注意房间挂的牌子。

④ 养成进房前先敲门通报的习惯。

⑤ 在房内作业时，必须将房门打开，用顶门器把门支好，如果客人不在房内，应用工作车将房门挡住。

⑥ 讲究职业道德，尊重客人生活习惯。

⑦ 厉行节约，注意环境保护。

十三、布草服务

现代民宿里布草主要包含床上用品棉织品、卫生间/盥洗室针织用品、公共区域用品等。其实布草就是床单、被套、枕套以及毛巾、浴巾、浴袍、小方巾、地垫。床单、被套、枕套以及地垫最好是"用一备三"，也就是说一个房间里用一套，备三套，毛巾类的最好"用一备五"，以防万一，如果民宿带泳池，浴巾和浴袍的使用频率会很高，浴袍的洗涤费用是最高的，若民宿不带泳池，浴袍则可以"用一备二"。

（一）布草分类

根据布草的用途，可分为卫生间布草、床上布草和其他布草。

（1）卫生间布草：地垫、浴巾、方巾等。

（2）床上布草：床单、床罩、枕套、褥垫、被套、床裙等。

（3）其他布草：沙发套、纱窗帘、遮光窗帘、帷幔、公共区域的餐巾等。

（二）布草换洗的原则

民宿的布草应时刻保持无瑕疵、无污渍，外观整洁，不褪色，松软适宜，无异味，与客房整体布置相协调。客房内布草除约定外，应每天全面整理一次，隔日或应需求随时进房整理床上用棉织品。客用品和消耗品补充齐全，并做到每客必换。公用卫生间应每天全面整理一次，隔日或应需求更换一次针织用品。

（三）布草的配备

客房布草配备须有合理的定额标准，要防止定额的不合理而影响客房布草的正常供应，以及造成无谓的浪费和损耗。客房布草包括在用布草和备用布草两个部分，在用布草即投入日常使用和周转的布草，备用布草即存在库房以备更新补充使用的布草。

根据经验，其客房布草的配备定额一般为 3.5～4 套，其中一套在客房使用，一套在布草房或工作车上，一套在洗衣房，另外一套存在库房。但民宿布草库存不宜多，以防止库存时间过长而造成自然损耗。此外，有的布草可以改制再利用，一般按 1.5～2.5 套配备。

十四、卫生保洁服务

民宿的卫生保洁包括客房内部及公共区域两个部分。其中，公共区域清洁工作的范围较为分散，内容也较多，包括民宿内除客房和厨房以外的客人活动区域和员工区域及庭院的清洁工作，如厅堂、楼道与楼梯（电梯）、餐厅、客用卫生间、地毯、庭院的清洁和清洗工作。

（一）厅堂

厅堂是民宿客人活动的主要场所之一，同时也是住客最先看到和感受到的场所，还是进出最繁忙的公共区域。因此，对厅堂的卫生保洁工作至关重要。厅堂卫生的好与坏可直接反映出总体的管理水平，反映出整体卫生质量和服务人员的工作质量，所以任何档次的民宿都不可忽视对厅堂的卫生保洁工作，它是保洁工作中较为重要的一个内容。

（二）楼道与楼梯（电梯）

与厅堂一样，楼道与楼梯（电梯）也是客人使用频繁的场所。经过每日大量的客人使用后，都会造成卫生的污染，这就需要公共区域清扫员每天进行及时的清扫，保持楼道、楼梯（电梯）的清洁和卫生。

（三）餐厅

餐厅作为客人的用餐场所，每餐都会使地面、墙面、餐台、餐椅等的卫生状况受到破坏。餐饮场所的卫生要求较高，需要及时清洁与维护，要做到每餐后清洁，每天夜间进行全面的、有计划的清洁工作，使餐厅内随时保持最佳的卫生状态。

（四）客用卫生间

在过去，卫生间往往不被人们重视，卫生状况不尽如人意，是客人投诉的主要内容。随着旅游业的发展，对卫生间的清洁程度越来越重视，卫生间内设备的档次越来越高，卫生保洁投入的也越来越多，它已成为公共区域保洁工作的一项重要内容。

（五）地毯

地毯主要用于客房和餐厅。地毯虽然能够增加豪华感，但是清洗和保养较为困难，经过专业清洗、保养得当的地毯不但可使卫生水平提高，也可使地毯使用寿命延长。

（六）庭院

庭院保洁是民宿的一项重要工作。庭院包括车道、车场、绿地、花园等。庭院是客人和服务人员途经、逗留和休息的场所。庭院的卫生工作是由公共区域清扫员负责的。其主要工作内容有卫生清洁工作和绿化工作，有对绿地的养护，也有对绿地内的卫生维护。庭院的清洁是公共区域保洁工作不能缺少的内容。

十五、物资管理服务

（一）物资管理服务分类

根据民宿物资的种类，物资管理服务可以分为以下几种：

（1）设备的资产管理，包括家具、地毯、电器设备、卫生设备、安全装置等物品。

（2）物料用品管理，包括床上用品、卫生间用品等物品。

（3）易消耗品管理，包括一次性用品、文具等用品。民宿不同于酒店，易耗品的采购主要根据民宿主人的理念进行添置。

（二）物资配备的原则

民宿的物资配备应该具有实用性、安全性，有利于节能、环保，便于维修保养，更应该具有特色和主体布局协调性。

总之，客房的设施设备要让住客放心、安心使用，卫生干净舒适，阳光充足，噪声较小。既要把握要点，又要重视细节，为客人营造一个放心、舒心、整洁的住宿环境。

> **案例**
>
> 案例1：有一天，服务员A在清扫客房时，房内的电话铃响了，服务员该如何处理？
>
> 客房一旦出租后，客人就具有对房内设施、用品的使用权，因此服务人员不能随意动用。为了避免不必要的麻烦和妨碍新生客人的使用权，房内的电话响了也不应该接听（总机会提供留言服务）。
>
> 案例2：如果在清扫中，客人回来了，该如何办？
>
> 应向客人询问是否稍后来打扫，但要礼貌检查他的钥匙或房卡，以确认这是该客人的房间。这样做是出于安全目的，以防他人闯入客人房间。
>
> 案例3：客房服务员清扫客房时，住方在房内怎么办？
>
> （1）应礼貌地询问客人是否可以清扫客房。
>
> （2）清扫过程中，房门要一直开着。
>
> （3）清扫时，动作要轻，要娴熟，不能与客人长谈。
>
> （4）若遇来访者，应问客人是否可以继续清扫。
>
> （5）清扫完毕，应向客人道谢，并询问还有什么事可以效劳，然后再次道谢，退出客房，关上房门。

 任务实训

学生角色扮演民宿服务员，练习进入客房敲门通报的步骤。

复习与思考　　民宿服务员怎样引领住客进房间？

任务五　餐饮服务

民以食为天，以色、香、味、形、器为特征的中国餐饮，更直观、动态地展现出民宿经营者的服务理念。参与感与互动感要求民宿餐饮管理也应独具特色，以适应管理主体的要求。民宿餐饮服务水平影响着客人的整体体验和满意度，既要有安全、卫生等统一标准，也要体现出民宿文化内涵的特殊要求。

客人除了关注入住体验，还很关注民宿的饮食。民宿可以选择性搭配一份健康营养的早餐，不仅能满足客人的基本需求，还能获得客人的认可。此外，可以介绍客人去一些当地特色美食店，即使自家民宿不能提供美味的午餐晚餐，也能让客人觉得不虚此行，并感谢民宿主的推荐。

一、民宿餐饮服务的内容

（一）早餐

一日三餐中，早餐受到入住客人的关注程度最高。民宿应提供早餐，如不能供餐应提供替代方案。早餐的好坏也是评判一个民宿的标准。相较于酒店的餐饮部，民宿将一日三餐的重心几乎都倾注在早餐上。民宿通过每日变换的早餐，带给客人服务惊喜的同时，也需兼顾营养的搭配。部分民宿提供午餐及晚餐服务，但必须提前预订以便于食材的采购。

1. 基础版

粥＋鸡蛋/包子＋小菜（腐乳、榨菜、咸菜、萝卜干）＋水果/粗粮/点心；或者面条＋荷包蛋＋小菜＋水果。部分民宿提供炊具、厨房、冰箱等设施设备，由客人自行烹调。

2. 升级版

分中西餐。中餐和基础版内容差不多。西餐：牛奶＋吐司/面包/三明治/汉堡＋煮鸡蛋/煎鸡蛋＋水果。

3. 高级版

把基础版和升级版做成自助餐。

小型民宿建议做基础版就好，如果是国际友人较多时可以做升级版。自助餐一般适用于大型酒店或连锁酒店。基础版如果想做出高级版的效果，早餐需做得精致些。

（二）茶点

除早餐外，一般民宿还提供茶点服务，主要包括前台等候区的糖果、饮水，餐饮区的午茶，客房内的睡前小点心等。客人可根据自身的喜好选择西式的下午茶组合或中式的工夫茶、手工小点心的搭配，既能独自消遣，又可同他人分享乐趣。

二、民宿餐饮服务的菜式类型

（一）本地菜系

宜采用当地食材，提供当地风味小吃、农家菜或特色药膳。菜肴烹调制作宜体现农家风味和地方特色。本地菜肴可以使住客更加了解当地文化和民俗风情，满足客人的美食需求。民宿应主动向住客介绍菜式特点，引导客人合理点餐，提供健康饮食。餐饮解说宜体现出文化内涵。

（二）突出主题特色

宜提供当地自酿酒、饮料等特色饮品或特色面类食品。常见的有回归农家型、素食主义型等。民宿可向客人提供亲身体验农家菜、农家小吃制作的共享农家厨房。

（三）住客自娱自助

根据自己的喜好，利用厨房的设施设备烹制食物。餐具、酒具、厨具材质、样式的选择和摆放宜体现当地乡村特色、文化特色。

三、民宿送餐服务

1. 订餐

民宿一般配有早餐和正餐牌两种菜单，还配有饮料单，客人可以将餐牌填写清楚，挂在客房门外由服务员去收集，代为订餐。客人也可以打电话预订、网络预订、当面预订等。服务员应问清客人的姓名、房号、订餐内容、送餐时间及特殊要求，并适时向客人推荐本民宿的特色菜品。

复述客人的具体要求和订餐内容，得到客人确认后，告诉需等候的时间并向客人表示感谢，迅速填写订餐单，送至厨房加工制作。

2. 送餐

送餐单记录必须详细。服务员凭送餐单给客人送餐，要注意保温、干净、卫生等。服务员应核实账单内容，将无误的账单放入账单夹内，走到客房门外，确认房号敲门并报"送餐服务"，待客人开门后，首先向客人问好，得到客人同意后进入房间，询问客人将餐放在哪个位置，按照客人要求摆放好后，将账单夹用双手递给客人，请其确认并签字，并做好记录。收餐具时，注意不要和客房用品混淆。

总之，民宿为客人提供的饮食既要安全健康，又要有当地特色，还要推出一些具有品牌效应的招牌菜，以赢得客人的青睐，提升客人的满意度。

任务实训

假设您开一家民宿，会提供哪些餐饮服务？

复习与思考

1. 民宿可以提供哪些早餐？
2. 怎样为住客提供送餐服务？

任务六　其他服务

其他服务主要有特色活动项目服务、个性化服务等。

一、特色活动项目服务

特色活动项目是为了增强民宿活力和特色，吸引更多的住客，丰富游客的体验。民宿可以创造或提供各种特色活动，增加住客对本地区的民俗风情的了解。民宿特色活动是客人加深当地文化民俗风情的体验，加强与民宿的情感交流的重要载体，可带动起住客的参与性。可以根据住客的爱好适当调整活动项目，也可以多搞一些田园游乐项目。比如旅客可以在山上吃烧烤，可以野炊，可以玩篝火，可以在池塘里钓鱼，可以在小溪里游泳，可以在茅屋里躲雨，可以在夜里睡帐篷。这些都是非常有田园生活情趣的活动，让旅客回归自然，感到浑身轻松。

挑选1～2个项目作为民宿的固定活动，具体地点优先考虑设立在民宿前后的空地之中，搭建必要的简易设施与之配合来提高民宿的本体特色。并且要定期增加、更换。除了主体建筑之外，可以在部分古民居院落设立活动地点，增加乡村旅游活力。

根据农民耕种的实际情况，长期进行农活体验活动，通过采摘、耕种、收货等活动，让住客感受到乡村的乐趣和农村的生活氛围。这也可以提高农民的收入，经营方式可以按人头或家庭收取体验费，再按农户的比例进行分配。

（一）特色活动项目设计的原则

项目要有一定的主题性，要符合当地资源的特征，要重视住客的感观刺激，增强住客的参与性，要有一定的灵活性。其中，感观主要从住客的听觉、视觉、味觉、嗅觉、触觉等多方面给予住客刺激。

（二）特色活动项目服务案例（以重庆市酉阳县为例）

1. 跳摆手舞

摆手舞是土家族的一种古老的民间舞蹈，它始于唐代，流传至今。摆手舞是土家族最主要的标志性文化形态。民间自古就有"北跳丧，南摆手"的说法。它是以摆手为基本特征的祭祀性舞蹈，是土家人祭祀神灵、酬报先祖和传承民族文化的重要形式。其舞蹈形式有"单摆""双摆""回旋摆"等；舞姿多模仿跋山涉水、农事劳动、战斗姿态、岩鹰展翅、日常生活。这些舞蹈动作舒展大方，生活气息浓郁，表现出土家人粗犷豪放的民族性格。每逢喜庆节日，土家人都要到"摆手堂"或草坪、院坝跳摆手舞。摆手舞又名"社巴"，整个活动以祭典舞蹈、唱歌等为表演形式，以讲述人类起源、民族迁徙、英雄事迹为内容（图3-4）。

2. 美食绿豆粉的制作体验

土家绿豆粉是一种食品，主要食材是大米，辅料有黄豆、绿豆等。制作方法是将精选的大米、黄豆、绿豆三种原料浸泡一天，然后用石磨磨成浆，加入红薯淀粉或者土豆淀粉并搅拌均匀，锅中抹油用漏斗沿锅漏出磨出的浆，盖上锅盖烙两三分钟后起锅，放于簸箕中并用纱巾盖住，三小时即可。土家桃源绿豆粉是渝、黔、湘、鄂几省市边区的传统绿色健康主食之一，被国家列入了第二批非物质文化遗产名录，现已广泛流传于渝、黔、湘、鄂几省市以外的其他省市，作为绿色健康食品的代表逐渐走向寻常人家的家庭餐桌（图3-5）。

图 3-4（见彩插 5）

图 3-5（见彩插 6）

二、个性化服务

（一）个性化服务的概念

个性化服务是指除了满足客人的共性需求以外，针对客人的特点和特殊需求，主动积极为客人提供针对性的服务，是一种灵活性的服务。客人的需求有时不完全涵盖在标准化服务之中，所以"个性化"服务往往能带来更好的效果。个性化服务是规范服务的延伸和提升，"想宾客之所想，急宾客之所急"是提供个性化服务的基本点。树立积极、主动的服务意识，预知客人的需求，尽可能及时地满足客人的需求，用真诚的态度打动客人，使其留下良好的印象。例如，若客人在生日当天入住，意外、主动地送给他一份小礼品或一碗长寿面（或一块小蛋糕），接待效果可想而知。

（二）民宿为什么要有个性化服务

（1）民宿是一种具有人情味的住宿，应把每一个前来入住的客人当作朋友对待。

（2）客人的需求多样化，单一的标准化服务已经满足不了客人多元化、个性化的需求。

（3）个性化服务可以成为民宿的一种卖点。

（4）民宿房间体量小，客人数量相对较少。民宿有精力可以提供个性化服务。

（三）民宿怎样做好个性化服务

（1）民宿要有个性化服务意识及个性化服务内容，能够根据客人的特殊情况及个体情况提供针对性服务。如客人由于飞机晚点，凌晨才到店里，老板亲自做了一份夜宵送给客人。

（2）打破常规，换种思维角度去提供服务。

（3）搜集客人入住信息及关注客人入住行为习惯。如清洁人员打扫客房卫生，发现卫生间的马桶上缠着一圈卫生纸。清洁人员把这个事情反映给店长，店长派人去买了一些马桶坐垫，放在马桶盖上。

（4）老板在一些事情上适当给予工作人员更多权限，从而使工作人员在服务上可以更加自主灵活。

> **案例**
> 客人：您好，我们有个小孩，晚上您能在厨房帮我们熬碗稀饭吗？
> 前台：您稍等，我去问一下我们老板。
> 在这个情景中，前台不知道到底能不能熬，熬了稀饭后是否收钱，如果收钱该收多少，造成服务延时，给客人的体验感不是很好。如果前台的权限够大，直接就可以回复客人。

（四）个性化服务的内容

1. 一般个性化服务

要求员工积极主动地为住客服务，把服务工作做到客人开口之前，做到心诚、眼尖、口灵、脚勤、手快。

2. 突发性服务

随时及时准确地为客人解决遇到的困难和问题以赢得客人的好感，使客人感觉到家的温暖体贴，客人会铭记于心。

3. 针对性的服务

住客是不同的一个个独立体，有不同的思想、不同的文化、不同的修养等，要求服务人员要有强烈的服务意识，想客人所想，做客人所需。

4. 委托代办服务

客人自己因为某种原因不能亲自去办，委托民宿代办的服务项目，如订飞机票、买土特产、邮寄物品等。

总之，各个地方的民宿，在服务项目上要与其他的民宿有一定的差异性，想客人之所想，急客人之所急。所有的员工都要树立顾客就是上帝的服务理念，细心地关注每一个住客，树立个性化的服务意识，把服务工作做在客人开口之前，让住客为自己的民宿进行大力的宣传，吸引更多的住客。

任务实训

民宿管家的体验

工作职责	怎样为客人服务（个性化服务）	特色饮食	细心的服务	特色活动项目

 复习与思考

1. 什么是个性化的服务，怎样为客人提供个性化服务？
2. 民宿为什么要设计特色活动项目？
3. 特色活动项目设计的原则有哪些？

任务七 民宿服务的特色

一、有情怀、温度的服务

民宿服务的精髓在于主客共建、共享，客人是希望达到互动和精神收获。简单地说，"民宿"是"民的生活，宿的空间"，是"宿的形式，民的发展"，与当地文化相辉映。通过民宿的有形空间和无形的民宿服务，共同展现出民宿特有的精神理念和文化特征。如图3-6所示。

图 3-6（见彩插 7）

民宿主人是传递民宿情怀的重要角色。人情味服务是一种有温度、能够传递情感的服务，能够让客人感受到客栈民宿的情感，从而能够调动起客人的情绪。如感动情绪，让客人心里暖暖的。情绪波动分为两种，负面情绪波动（失望、愤怒、不解等）、正面情绪波动（感动、暖心等）。人情味服务能够让客人感受到服务人员的真诚，从而加深对民宿的印象。其核心是要做好"离店服务"，切忌给客人留下"入住时热情如火，离店时冰冷如水"的印象。正所谓好的结束就是新的开始，如果在最后一个服务环节出现失误，那么就会前功尽弃。例如，退房时可赠送客人当地特色的小纪念品，客人离店时带着微笑鞠躬送客等，将"欢迎下次光临"等无感用词替换为"期待再次相聚于××（地名）"等使人印象深刻的送别致辞。

> **讨论**
>
> 怎样为客人提供有情怀、温度的服务？
> 提高人情味服务的三种方法：
> （1）适当"降低"客人地位，把客人当作朋友而不是上帝。如果客人站在上帝角度，把民宿提供的任何服务都当作理所当然，那么很难引起情绪波动。
> （2）在服务过程中，学会用暗示语。"我们本来没有义务做，但是我们帮你做了。""别人家不会这样做，但是我们打破常规帮你做了。"通过暗示，让客人心理出现波动。
> （3）超出客人的心理预期。客人心理预期一般来源于以往的住宿体验、经历。如果服务质量、服务形式超出客人心理预期，那么就会调动起客人的情绪。

二、有文化、社交的服务

成功的民宿都有主题，融入当地的文化内涵，创新开发，让民宿客人能够深入进行当地文化与民俗的体验。除了休闲度假的属性，社交属性才是民宿的真正魅力。

三、有规范的服务

民宿的服务员应具备的服务素质应达到服务等级水平，具有丰富的服务经验、熟练的操作技能，待客服务中所使用的服务用语要标准化。如"请"字当头，"谢谢"结尾等。

四、低价高值服务

通过消耗较低的人力、物力成本，力所能及地为客人营造出"物超所值"的消费体验。或者与供应商合作，提供增值服务，推出"零压床房""空气清新房"等差异化产品，为客人提供多种选择的同时给民宿带来新的效益增长点。"见微知著，一叶知秋"，使服务内涵更多体现在细节之处，让客人不仅消费到服务，还能消费到尊敬、关爱等"附加值"。例如，叫醒服务、夜床服务、行李寄存、延迟退房、提供针线包雨伞等、照片打印、收发快递等。

 任务实训

如果同学们自家开一家民宿，应怎样为客人提供特色的服务？

 复习与思考

1. 怎样为客人提供有情怀、温度的服务？
2. 怎样为客人提供规范的服务？

项目四

民宿管理服务

项目概况

民宿管理服务主要是从客户关系管理、沟通管理、危机管理三个方面展开。从软服务上针对人与人之间的情感交流和关系维护来阐述民宿管理服务。

任务目标

【知识目标】

1. 了解民宿客户关系管理的意义。
2. 掌握民宿客户关系管理的核心内容。
3. 了解民宿服务沟通的内涵。
4. 掌握民宿服务沟通的能力。
5. 掌握民宿服务沟通的技巧与方式。
6. 了解民宿服务危机的内涵。
7. 掌握危机管理的程序与策略。
8. 了解常见的民宿危机及其应对方法。

【技能目标】

1. 能根据客户关系管理的要求为客人提供满意的服务。
2. 能根据沟通技巧和方式与客人进行有效沟通。
3. 能根据常见民宿危机的应对方法解决相应的民宿危机。

【思政目标】
1. 培养学生良好的职业道德。
2. 培养学生具备自觉遵守行业法规、规范和企业规章制度的意识。
3. 培养学生乐于与人交往，具有人际交流沟通能力和团队协作精神。

 任务导入

五一期间，小明和好友小刘在携程网上订了一间民宿，住两晚，标间，价格为688元每晚。由于某些原因，小刘看中了当地的另一家豪华酒店，于是让小明退房，可民宿的前台一定要小明提供不能入住的证明，才能给他申请退房，多方协商无果。小明和小刘还是入住了这家民宿，在旅行结束后，小明向第三方投诉了这家民宿。

认真分析案例，如果你是这家民宿的前台，此时该如何挽救本店的损失？

任务一　客户关系管理

一、民宿客户关系管理的目的与意义

（一）民宿客户关系管理的定义

客户关系管理（CRV）由来已久，可以追溯到商业经济时代，是源于"以客户为核心"的新型管理模式，它的产生是企业管理理念演变的结果。在激烈的市场竞争中，民宿管理的目标不再是仅仅依靠产品和服务来维持生存和发展，而是紧紧围绕客户的需求展开一系列活动，进行有效的客户关系管理。

所谓客户关系管理是指利用现代信息、网络技术手段，使客户、竞争、品牌等要素协调运作并实现整体优化的自动化管理系统，其目标定位在提升市场竞争力，建立长期优质的客户关系，不断挖掘新的销售机会，帮助规避经营风险和获得稳定的利润。

对于民宿而言，想要成功发展，不仅要争取客户满意，还要不断为客户创造超越其期望的服务价值。民宿客户关系管理可以从以下三个方面理解：

（1）客户关系管理是一种管理理念，其核心思想是将民宿的客户作为最重要的资源，通过完善的服务和深入的分析来满足客户的需求，实现客户价值。

（2）客户关系管理是种旨在改善客户与民宿之间关系，始于民宿产品开发、营销、服务和技术支持等与客户相关的领域的新型管理机制。一方面，民宿通过接待客户收集资料，强化跟踪服务，建立和维护与客户之间卓有成效的"一对一"关系；另一方面，民宿通过信息共享和优化服务流程来有效地降低其经营成本。

（3）客户关系管理是一种使用先进的信息技术和网络技术来帮助民宿实现业务功能运作和提高效率的管理信息系统，以此提升客户产生的总价值。

客户关系管理的三个层次是相辅相成的，有效的客户关系管理依赖于科学的信息系统的应用，而客户关系管理机制与系统能够发挥效力，又依赖于客户关系管理理念的深入贯彻。

（二）民宿客户关系管理的意义

民宿进行客户关系管理，与客户建立良好的关系，能够使双方在共同利益的基础上，实现各自的价值增值。

1. 客户关系管理对民宿的意义

（1）增加民宿的口碑效应。当客户与民宿建立长期紧密关系后，客户就会产生重复购买的行为，为民宿带来源源不断的收入。更为重要的是，如果客户对这种关系满意，并与民宿保持长期稳定的关系，客户会与自己的朋友、同事分享自己接受服务的经历，从而形成对民宿极为有利的口碑效应。这种效果往往是民宿进行各种广告宣传也无法企及的。

（2）降低民宿的营销成本。民宿通过客户关系管理可以培养出一批长期而稳定的客户，他们重复购买服务和产品，能够大大降低民宿的营销成本。首先，客户的重复购买能够使交易过程逐渐惯例化，缩短了交易周期和简化了程序，节约了交易成本。其次，客户倾向于持续购买，也降低了民宿的宣传费用和促销费用。

（3）降低民宿的经营风险。民宿经营环境高度不确定、不稳定，表现在客户需求的不确定性增加、多元化趋势加剧。民宿传统的"为产品找客户"的"以产品为中心"的经营理念承受极大的风险，一旦服务或产品无人问津，民宿将受到极大的损失。而"为客户找产品"的"以客户为中心"的经营理念却成为降低民宿经营风险的有效途径。

（4）带动相关服务产品或新产品的销售。当客户和民宿建立了良好关系后，他们会对民宿提供的服务产品或新产品保持接受的态度，这样，对于民宿来说，不但能大大减少对新产品的介绍费用，而且能大大缩短推进市场的时间。另外，由于客户对民宿存在一定的感情因素，在接受服务产品或新产品时，对产品价格及竞争者广告的敏感度也会大大降低。

（5）形成民宿竞争优势。建立良好的客户关系管理，有助于民宿实施成本领先战略与差异化战略。民宿与客户建立关系的过程实际是双方不断对话、加强了解的过程。一旦关系建立，便具有长期性和稳定性，有利于形成民宿的长期竞争优势。客户会为民宿进行宣传，同时，又对服务的瑕疵有着更大的包容，愿意帮助民宿提高服务质量，并忽视其他竞争对手的存在。

2. 客户关系管理对客户的意义

（1）节约购买成本。购买成本包含在客户选择新的民宿过程中涉及的时间成本、沟通成本和机会成本等。采用了客户关系管理系统后，民宿业主可以根据管理系统，并且根据客户所提出的新的要求修改系统中的资料，提供个性化需求的服务和产品，从而节约了客户再次购买的成本。

（2）满足潜在需求。良好的客户关系管理要求民宿尽可能多地收集客户信息，通过对信息的整理和分析，可以得出某类型的客户的共同需求——在什么时间段、哪些客人会希望得到什么样的服务或购买哪种产品，以及用什么手段对客户进行营销，从而能够更好地满足客户的潜在需求。

（3）提供无微不至的服务。客户关系管理通过良好的服务和基础支持来保证客户的满意度，维护客户对民宿品牌的忠诚。因此，客户关系管理给民宿带来竞争优势的同时，也使客户能够得到更好的服务和产品。

二、民宿客户关系的核心内容——达到客户满意

在客户关系管理的逻辑中，民宿通过实施客户关系管理战略，为客户提供价值，增加客户满意度，赢得客户信任，保留客户，提高其忠诚度，从而实现客户为民宿提供价值，民宿达到利润最大化的目的。因此，客户满意、信任、忠诚、客户价值及其管理是客户关系管理的核心内容。

达到客户满意是民宿的一种整体经营手段，是改善民宿服务、产品及文化的战略。达到客户满意，可以从横向和纵向的不同层次来理解：民宿的核心服务和产品、支持系统以及情感沟通会影响客户满意度；同时，客户期望、客户感知质量、客户对民宿的情感以及客户对公平性的判断也会影响满意度。

（一）民宿客户满意的概念

客户满意理论被誉为 20 世纪 90 年代管理科学的最新发展之一，它抓住了管理以人为本的本质。我国在 20 世纪 90 年代开始了客户满意理论研究工作。通过借鉴国外经验，结合我国国情，对客户满意模型进行了建立、测试、修正和再测试的研究过程，目前已经形成可以在多个行业中实际应用的中国客户满

意度模型（CCSI）。

在 2000 版的 ISO/DIS9000 中，客户满意被定义为："客户对某一事项已满足其需求和期望的程度的意见。"并注明："某一事项是指，在彼此需求和期望及有关各方对此沟通的基础上的特定时间的特定事件。"

民宿客户满意是民宿的一种整体经营手段，是指民宿为了使客户能完全满意服务和产品，综合而客观地测定客户的满意程度，并根据调查分析结果，来改善民宿服务、产品及文化的一种经营战略。它要建立的是客户至上的服务，使客户感到百分之百满意，从而使效益新增的一种新的系统。

（二）民宿客户满意的构成

1. 横向层面

在横向层面上，客户满意包括五个方面：

（1）理念满意。理念满意是指民宿经营理念带给客户的满意状态，包括民宿的经营宗旨满意、经营效率满意和经营价值观满意等。

（2）行为满意。行为满意是指民宿的运行状况带给客户的满意状态，包括行为机制满意、行为规则满意和行为模式满意等。

（3）视听满意。视听满意是指民宿可视性和可听性外在形象带给客户的满意状态，包括民宿标志满意、标准字满意、标准色满意以及基本要素的应用系统满意等。

（4）产品满意。产品满意是指民宿的产品带给客户的满意状态，包括产品质量满意、产品功能满意、产品设计满意、产品包装满意、产品品味满意和产品价格满意等。

（5）服务满意。服务满意是指民宿的服务带给客户的满意状态，包括绩效满意、保证体系满意、服务完整性和方便性满意、消费氛围和环境满意等。

2. 纵向层面

在纵向层面上，客户满意包括三个方面：

（1）物质层满意。物质层是民宿产品的核心层。物质层满意是指客户对民宿产品的物质层产生的满意，包括产品的功能设计和品种等。

（2）精神层满意。精神层是民宿产品的形式层。精神层满意是指客户对民宿产品的精神层产生的满意，包括产品的外观品位和服务等。

（3）社会层满意。社会层满意是指客户在对民宿服务和产品的消费过程中所体验的社会利益维护程序的满意，主要是民宿的社会满意度。

任务实训

×× 民宿顾客满意度调查表

您的姓名：
电话：
抵店日期：
离店日期：
客房房号：

　　亲爱的朋友们大家好，首先感谢大家对 ×× 民宿的选择和信任。为了提升我们的服务质量，并给大家创造一个更加舒适温馨的休息环境，特此真诚地邀请大家参与此调查并留下宝贵的意见和建议，我谨代表本店全体工作人员向大家致以最衷心的问候和祝福，谢谢！

项目	调查内容	满意	一般	差	意见反馈
卫生	地面、台面				
	布草				
	洗手间				
	气味				
	阳台、窗户				
服务	服务态度（是否主动、热情、耐心、周到）				
	服务技能（业务及周边环境的熟悉度）				
	服务方式（服务是否规范、得体、礼貌）				
	服务效率（入住、结账等的办理效率）				
	跟踪服务（住客反馈问题、意见的处理）				
客房硬件	卫生间、洗浴设备及洁具				
	空调、电视、灯等家电家具				
	床、床垫及布草				
	装修风格				
	隔音及安静度				
环境交通	内部整体环境				
	周边环境				
	位置交通				
综合	Wi-Fi 信号				
	房间价格、性价比				
	电话客服				
	早餐				
	点餐小炒				
	是否下次再来或推荐给朋友				

① 最让您满意的是：
② 您最不满意的是：
③ 您对本店的建议：
　　感谢您参与本次调查，祝您生活愉快，欢迎下次光临！

>
> **复习与思考**
> 1. 客户关系在民宿中的重要性有哪些？
> 2. 在处理民宿客户关系时，你认为最重要的是什么？

任务二 沟通管理

一、民宿服务沟通内涵

（一）民宿服务沟通的定义

沟通是不同的行为主体通过各种载体实现信息的双向流动，形成行为主体的印象以达到特定目标的行为过程。

行为主体：多指人与人、人与人群、人群与人群。随着科技和社会的发展，在未来，沟通的主体会逐渐打破人的范畴，动物、超级计算机、机器人很可能被纳入。行为主体中常包括信息的发送者和接受者。一个完整的沟通过程中，同一个主体会扮演信息发送者和接收者的双重角色。

信息载体：对于人来说，信息载体包括本有和外有两大类。本有载体是指人不需借助外物的沟通媒介，包括语言、肢体动作表情、眼神等；外有载体是指需要借助外物的沟通媒介，包括文字、书信、电话、电子邮件以及新媒体等。通常，一次沟通过程中，存在着几种信息载体同时存在的情况。

特定目标：对于人来说，至少包括意识、行为和组织三个层面。意识层面通常包括情感、知识、思想等；行为层面通常包括动作活动、习惯等；组织层面通常包括绩效目标、行动计划、团队氛围等。通常情况下，沟通是为了实现积极的目标。

在沟通的过程中，行为主体、信息载体和沟通环境都会影响沟通目标的达成。通常情况下，行为主体的状态、知识和经验结构、准备的充分性等因素会影响沟通的效果；信息载体的稳定性、识别度等因素会影响沟通的效果；沟通环境的噪声、氛围等因素也会影响沟通的效果。

需要特别强调的是，沟通是信息双向流动的过程，需要由信息的传递和反馈来共同组成。如果只有信息从发送者到接收者的传递，而没有反馈，通常意义上意味着沟通的失败或无效。

民宿服务沟通是指民宿业主或服务人员与客人单体或群体，传递或交换各自对民宿服务的意见、观点、思想、感情和愿望，从而达到相互了解、相互认知的过程。

（二）民宿服务沟通的种类

沟通共分为以下几个种类：

（1）根据沟通符号的种类分为语言沟通和非语言沟通，语言沟通又包括书面沟通和非书面沟通。

（2）根据是否是结构性和系统性沟通分为正式沟通和非正式沟通。

（3）根据在群体或组织中沟通传递的方向分为自上而下沟通、自下而上沟通和平行沟通。

（4）根据沟通中的互动性分为单向沟通与双向沟通。

（5）从发送者和接收者的角度而言，包括自我沟通、人际沟通与群体沟通。

从常见的民宿服务沟通看，以语言沟通、非正式沟通、平行沟通、双向沟通和人际沟通为主。

（三）民宿服务沟通的作用

1. 沟通是民宿服务管理中最为重要的管理活动

民宿业主和服务人员通过各种方式的沟通，来明确自己的工作要求实施方案，并与客人交换意见，针对不同的意见或事件达成共识，以明确的目标为导向开展服务工作。

2. 沟通可以化解分歧、解决冲突和统一观点

针对服务中出现的分歧，通过有效沟通可以使民宿业主或服务人员与客人相互理解，在力所能及的情况下，尽可能地解决冲突，对持有不同意见的事件达成统一观点。

3. 沟通能够有效地消除误会，增进信任

由于客人的学识、性格、经历、能力等诸多方面存在差异，在服务过程中，客户对民宿业主或服务人员的理解、对服务信息的掌握程度有所不同。沟通可以消除误会，而且能够加深彼此的理解，促使两者之间交流意见，加强信任。

4. 沟通使信息传递渠道顺畅，实现有效的信息传递

信息传递不畅通，会导致民宿业主或服务人员与客人之间的矛盾冲突升

级，沟通可以使彼此的信息获取更加便捷和全面，以此来推进误会和冲突的解决。

（四）民宿服务沟通的原则

1. 有明确目标

沟通是为了解决一个既定目标，需要通过双方的协商交流，达成双方均能接受的结果。因此，沟通的双方要有明确的目标，才能逐步地深入交流，破解问题的症结，最终解决问题。

2. 要维护自尊

沟通要建立在维护沟通双方人格与尊严的基础上，沟通不是低声下气，委曲求全，甚至丧失尊严。沟通双方要相互尊重，要多从对方的角度去思考，以促进达成共识。

3. 有时间约束

沟通不是聊天，聊天可以漫无目的，可以促膝长谈，而沟通则不尽然。沟通要尽可能地避免繁杂冗长，表达要简洁明了，紧扣主题，才能获得良好的沟通效果。

4. 要重视细节

沟通不仅仅只是语言上的你来我往，往往还包括了非语言等细节上的表现，一个眼神、一个手势就包含了很多丰富的深意，需要针对这些细节做出一些沟通方式上的调整。

5. 要积极倾听

倾听是一门艺术，有效沟通总是首先通过倾听来实现的。通过倾听来了解对方的观点、态度等，使沟通双方相互理解、相互尊重，从而促进沟通更好地进行。

6. 要达到目的

沟通的最终结果是达成双方都能接受的方案，获得双方都较为满意的答案。所以，沟通不能不了了之，而是要以圆满的结果作为沟通结束的句号。

二、民宿服务沟通能力

（一）亲和力

与客人培养亲和关系是沟通的首要环节。亲和关系是指在客户沟通的过程中，服务人员从内到外传递友善信息给客人，使客人产生一种愉悦而继续欣赏、信任的心理感受，从而与服务人员建立起亲切友好的人际关系。这种培养亲和关系的能力或是让人人感受到亲切和善的素养就是亲和力。

亲和力表现为积极的心态、良好的服务意识、端庄的仪态、合礼仪的招呼与寒暄、询问与倾听、认同等方面。

在沟通过程中一般可以采用以下步骤构建亲和力：积极自我沟通——良好形象与仪态——良好的开场白——运用同步术。其中，积极自我沟通是核心、基础；良好形象与仪态、良好的开场白可形成良好的第一印象；同步沟通进一步强化亲和关系。

（二）知人力

知人力就是察知客人心理需求的能力，包括了解客人的需求、客人的性格心理模式的能力。这种能力的高低决定着表述内容的正确性、沟通方式的恰当性，从而决定了沟通的有效性。在沟通中首先要了解客人，特别是了解客人的需求和人格模式。

只有了解客人的需求与性格心理，才能有效地沟通表达和提供服务。客人既要通过民宿的产品和服务来满足物质需求，也希望在这一过程中享受尊重与愉悦的精神性满足。只有察知客人的心理需求，提供的服务才能有效地给客户带来利益价值，从而打动客人的心。同时，察知客人需求的这一行为，会让客人感受到"被关心被尊重"，会让客人心动。另外，如果能够了解不同客人的人格模式，就可以采用适合客人的沟通方式，就会给客人留下好的印象，也就容易达成协议。

（三）表述力

表述就是服务人员向客人介绍服务或产品的过程。正确的表述应让客人体会到民宿的服务质量，体会到尊重等精神性满足。表述中应主要介绍产品或服务的效用，表述客人效益，关注客人的需求而不是产品。

（四）促成力

在民宿服务过程中，向客人提出决定需求并成功实现目的的能力就是促成力。促成决定着能否顺利成交，促成的水平决定着成功率。

在民宿前台服务、餐饮点菜、电话咨询、娱乐购物等沟通中，经常出现前期沟通顺畅但是需要最后"临门一脚"的情况，这就需要服务人员具备良好的促成力。

（五）异议化解力

在与客人沟通中，经常会出现波折，比如客人提出异议、抱怨投诉，甚至发生突发事件。在这种情况下，就有必要尽快地有效地处理问题，否则问题会更加严重，客人会更加不满。

有效地处理问题，把客人异议化于无形的能力就是异议化解力，这项能力对于服务人员具有极其重要的作用。沟通得好，异议就化解了；沟通得不好，不但不能化解异议，还会使异议激化。

三、民宿服务沟通技巧与方式

在民宿服务沟通过程中应学会积极倾听，对客人发送的信息做出积极回应；不仅要关注说话者的表面语义，也要关注其引申的含义；不仅要用最为简单明了的语句去表达清楚意思，也要学会使用肢体动作、面部表情等非语言沟通。在民宿服务中，经常使用口头、电话、书面、网络等方式与客人沟通。

（一）民宿服务沟通技巧

1. 学会积极倾听

倾听是一门艺术，有效的沟通需要以倾听为前提。学会积极倾听要注意以下几方面的技巧：

（1）专心与耐心。专心与耐心是一种倾听的态度。专心地倾听可以把随意、肤浅的话题引向深入和丰富，耐心地倾听可以引发对于话题的思考与回味。专心与耐心也是一种相互尊重。如果我们真正关心他人，积极而不是被动地听他说话，会对他产生积极影响。

（2）自我与"他"我。作为沟通者，要在自我与"他"我的平衡中，适当地选择站在对方角度上考虑问题，才能真正理解对话的内容，理解对方的真实想法与观点立场。

（3）接受与回应。积极倾听，不仅要学会接受，更要学会回应。接受只是听，回应是对听到的信息进行思考以后所做出的一种应对，是对信息的再加工与反馈。

（4）理解与分析。进行交流沟通的主要目的是交流意见，达成共识，而理解与分析尤为重要，是达成有效沟通的重要手段。

（5）保持积极的心态。进行沟通前，尽量不要因为主观原因提前对所要谈论的事情下定论，要保持良好的心态去面对谈话的内容，切忌采取消极的态度回避问题。

（6）姿态与神态。倾听的姿态一般体现为肢体的动作，倾听的神态主要表现在面部表情上，如眼睛、嘴等。倾听是一个边听、边看、边想并且反馈的过程，要将自己的整个身心都投入到倾听的过程中去，才能及时、准确地把握每一点信息。

2. 有效利用反馈

反馈是在沟通过程中信息接收者对信息发送者的内容做出回应行为。反馈是沟通过程中的一个关键环节。通过反馈给予别人肯定信息，能够鼓励对方积极表达自己的观点，重要的是可以确保沟通畅通无阻，使信息接收准确。缺少反馈的沟通将直接导致两方面的后果：一方面是信息发送者不了解信息接收者是否准确地接收到了信息；另一方面是信息接收者无法澄清信息内容，并确认接收到的信息是否就是信息发送者想要表达的真正含义。

有效利用反馈要注意以下几方面的技巧：

（1）换位思考。要学会站在对方的立场和角度，理解对方的态度与观点，做出准确、有针对性的反馈。换位思考也是反馈过程中对于对方的一种尊重。

（2）力求准确。如果反馈的意见模糊不清，与表达不清会有一样的后果。所以，在反馈中，与其说需要改进工作，不如明确指出哪些地方做得不好。

（3）建设性反馈。赞扬和认可的反馈更易于被对方接受，更能提高对方的积极性；相反，如果反馈是全盘否定的批评，那么这不仅是向对方泼冷水，而且也会使对方对你的意见不屑一顾。

（4）对事不对人。反馈是针对事实本身提出意见，而不是针对个人，更不能涉及人格。反馈是根据对方所做的具体事情、具体的话进行反馈，使对方了解你的想法，共同探讨解决的方案和补救的措施，从而更加有效地促进双方的沟通。

（5）集中可改进方面反馈。所要反馈的意见要切合实际，要集中在可以改进的方面，这样做可以减轻对方的压力，使他在自己的能力范围之内接受你的意见。

（6）把握时机。发现问题时，一定要及时向民宿业主反映。一些能够自行处理的事情与一些已经进一步扩大了的问题，或是已经形成了一段时间并造成不良影响的事情，应当区别对待。为时过晚的反馈就显得很无力。

3. 学会非语言沟通

非语言沟通是相对于语言沟通而言的，是指通过肢体动作、面部表情、语气语调、仪表服饰等方面的信息进行交流和沟通的过程。非语言所表达的信息往往是很不确定的，但常常比语言信息更具有真实性，因为其更贴近内心，难以掩饰。

言谈是一个人心里想法的声音，行为举动是一个人心思的表现，通过言谈举止可以判断一个人内心的想法。在沟通中，服务人员会因为理智、职业素养、规章制度等约束而注意到用语用词，以做到举止符合工作规范。但是，面部表情、手势动作、眼神等却会"出卖"其真实的内心世界。因此，要学会非语言沟通，非语言沟通应具备以下几个方面的技巧。

（1）表情。在所有非语言沟通中，表情是最重要、使用最频繁、表现力最强的形式。在与客人沟通时，一定要注意自己的表情，不能把自己的不良心情带到为客人服务中去，要以轻松愉悦的表情，拉近与客人之间的距离。

（2）眼神。在沟通交往中，往往主动者会更多地注视对方，而被动者较少迎视对方的目光。当注视着客人时，表示对他或者他说的话有兴趣；当回避对方的目光时，对方就会觉得不重视他。在整个沟通过程中，目光交流的时间占60%是最合适的，既让对方感受到被尊敬和重视，又不会让人觉得不礼貌。

（3）姿势。身体姿势作为一种非语言符号，无言地传递着人们的思想感情和个人修养。如交谈时，身体前倾表示热情感兴趣，较为注重；身体后仰，显得不在乎和轻慢。

（4）动作。说话时适时地配合动作，有助于内容表达，可加强感染力，但动作不当或过分会令人生厌。动作也可以是一种暗示，比如点头表示同意；说再见时挥手，是对语言的解释。

（5）仪表。衣着本身是不会说话的，也不能以貌取人，但在社会交往中，衣着是留给别人的第一印象的关键。衣着整洁、仪表端庄、举止沉着、妆容得体是对客人的尊敬和重视。

（二）民宿服务沟通方式

1. 口头沟通

口头沟通就是面对面的，以口头方式传递信息的沟通。这种沟通方式以肢体语言、声音语言、文字语言全面地传递信息，是人际沟通中的主要方式。口头沟通具有全面、直接、互动、即时的特点。

2. 电话沟通

电话沟通是借助电话媒介来传递文字信息与声音信息的沟通方式。电话沟通是沟通双方在不能见面的情况下使用最多的一种沟通方式，电话沟通在民宿服务沟通中不可或缺。电话沟通具有信息不全面、间接、互动、即时的特点。

3. 书面沟通

书面沟通是指通过文章、信件等渠道进行沟通，是除口头沟通、电话沟通之外，另一种比较正式的以纸质载体留存信息的沟通方式。书面沟通具有保存信息、信息单一、互动慢、正式的特点。

4. 网络沟通

网络沟通是指在网络上以文字符号为主要语言信息，以交流信息和抒发感情为主要目的的人际沟通。常见的沟通方式有电子邮件、网上聊天等。网络沟通具有信息不全面、间接的特点。

 任务实训

准备一段开场白，利用掌握的沟通技巧，同桌之间相互演练。

 复习与思考

1. 民宿服务沟通的原则是什么？
2. 请运用民宿服务沟通的技巧、方法、原则等内容来解决下列案例中的问题。

位于浙江的一家以"静"著称的民宿，今天迎来了100周年纪念日，特意为全球的SVIP顾客提供限时一个月的六折优惠活动，活动包含民宿的所有产品。史密斯夫妇在一个月前就收到此次活动的通知，并决定去参加。当享受完一个月中国浙江的民宿之旅后，在前台结账时却发生了一点不愉快。按照美国的折扣习惯，六折即客人支付40%即可，而中国的折扣习惯是客人支付60%，这在结账时使客人十分不满意，且当时邀请函上也没有注明六折是按照中国的折扣习惯来计算。如果你是总经理派来解决这件事的负责人，你会通过怎样的沟通来将民宿的损失降到最低？

任务三 危机管理

一、民宿服务危机

（一）民宿服务危机的定义

民宿服务危机是突然发生或可能发生的危及民宿形象利益、生存的突发性或灾难性事故事件等。这些服务危机一般都能引起媒体的广泛报道和公众的广泛关注，对民宿正常的工作造成极大的干扰和破坏，使民宿陷入舆论压力和困境之中。处理和化解危机事件，将危机转化为塑造民宿形象的契机，是对民宿公共关系工作水平最具挑战性的考验。不同类型的危机，处理方法有所差异。在处理危机前，民宿业主首先应认清到底发生了什么类型的危机。

（二）民宿服务危机的类型

1. 质量危机

服务和产品质量关系到民宿的生死存亡，由服务和产品质量问题所造成的危机是民宿最常见的危机，服务和产品质量问题能够直接引发消费者的不信任和不购买。因此，不断提高服务和产品质量是民宿避免和摆脱危机的重要手段。

2. 品牌危机

无论是新创建品牌还是已经创建起来并在运营的品牌，要打造真正的强势品牌，都必须站在战略性高度做好品牌危机防范和管理工作，使品牌良性发展，进而推动民宿良性发展。

3. 形象危机

错误的经营思想，不正当的经营方式，忽视服务质量，忽视经营道德，服务态度恶劣，民宿业主或服务人员的不当或错误的言行，都会造成民宿的形象危机。形象危机是本质危机，民宿遭受的损失特别是无形资产的损失巨大。

4. 信誉危机

信誉是企业生命的支柱，也是企业生存的支柱。信誉危机是指民宿的信誉下降，失去公众的信任和支持，其原因可能是服务或产品的质量降低。履行合同及其对消费者的承诺应成为民宿服务的基本准则，失去信任和支持就意味着彻底的失败。

5. 公关危机

面对公关危机，必须从战略的高度认识和对待这一问题。可通过扩大正面信息量的方法来防止产生歧义，消除疑虑。注意发挥舆论领袖的作用，如行业协会、政府组织等，利用它们所具有的权威性消除负面影响。还要从正面阐述真相，并在必要的情况下适时对公众做出必要的承诺。

6. 营销危机

当今变化复杂的市场环境中，民宿营销不仅要面对激烈的营销竞争，而且要应对各种突如其来的危机。忽视这些危机或不能对危机采取有效的防御和应对措施，都会给民宿带来重大的损失。

7. 人力资源危机

不论是民宿内部原因还是外部原因引发的危机，最终都会涉及民宿的人力资源，人力资源要么成为危机产生的原因，要么成为危机的关联因素。当销售额、利润、人均生产率等指标连续下降到低于行业平均水平时，员工收益和工作热情都会降低；而人均成本、工资、人员流失率指标的不断增长，则可能引发薪酬调整危机和人才短缺等问题。

8. 突发性危机

突发性危机是指无法预测或不可抗拒的强制力量，如地震、台风、洪水、重大事故、经济危机、交通事故等造成巨大损失的危机。这类危机不以人的意志为转移，严重影响民宿的经营和服务的开展。

二、常见民宿危机与应对

在民宿服务过程中，可能面临治安暴力恶性事件、故意滋扰醉酒肇事、客人发生纠纷、客人丢失物品、客人遗留物品或客人损坏物品等情况，服务人员应掌握正确的处理方法，减少损害，维护正常的经营服务环境。

（一）治安暴力恶性事件

民宿内部应预防暴力事件，若因社会上违法犯罪分子混进，在民宿发生抢劫、凶杀、暗杀、枪杀等暴力事件，或有治安犯罪迹象的分子，按以下规范处理。

1. 报警程序

（1）如果在客区或民宿内部发生抢劫、凶杀、枪击、绑架等暴力恶性案件，发现人在特别紧急情况下应速打110，并报告民宿保安部，其次报告民宿业主。

（2）报警时要说明报警人的身份，发现案件的时间、地点及案件的简明情况，是否有人员伤亡，现场状况，现场是否有人进入、是否有人围观等。

（3）接报警后，保安部应迅速到达现场确认。

（4）保安部到达现场后，立即向公安机关报案。在公安机关到达现场之前，由保安部在现场进行指挥，封闭现场，派专人看守。

（5）保安部值班人员要将报警人报告的情况详细记录下来。

2. 处理程序

（1）保安部人员要携带对讲机、记录本、手电筒等迅速赶到现场。

（2）确认并保护犯罪现场，禁止无关人员入内，维护现场秩序，疏散围观人员，尽快将现场与外界隔离。

（3）向前台询问有关被害事主的基本情况。

（4）向当事人或报案人、知情人了解案情并做记录。

（5）协助公安机关对现场进行勘查。

（6）协助抢救伤员，并同医务人员一同前往医院向伤员了解、记录有关案情。

（7）如果罪犯正在楼层行凶或准备逃跑，在确保人员安全的情况下，封锁各个出入口，采取有效措施予以制止和控制；同时注意采取措施，避免人员伤亡。一旦抓获案犯，要派专人严加看守，以待转交公安机关处理。

（8）如果有人被绑架或扣押，应立即报告公安机关，采取必要的措施设法控制事态的发展，避免激怒案犯伤害人质，确保人质的人身安全。

（9）配合处理善后工作，配合公安机关或有关部门清理被害人财务等。

（二）故意滋扰醉酒肇事

1. 故意滋事

（1）服务人员在所辖区域发现有醉酒、精神病人员有闹事苗头，应密切注意其动态，并及时报告值班经理。

（2）值班经理到场后应根据情况进行劝解工作。

（3）如已发生打架斗殴、流氓闹事，应立即报保安部。在保安部无法控制局面的情况下，迅速报110。

（4）报警时，要报清报警人的姓名、联系电话、发生地点、简要情况等。

（5）在场的服务人员要尽可能地记清闹事人员的明显相貌特征、人数、服装。

（6）值班经理应将目击者留下，以便保安部或公安机关了解情况。

（7）如有伤者可拨打120急救中心，在120未到之前尽可能地询问伤者姓名、联系电话。

2. 醉酒肇事

（1）餐厅醉酒肇事

①当客人饮酒过量有肇事可能时，服务人员应从关心客人身体健康的角度出发，劝其停饮和少饮。

②服务人员发现客人醉酒肇事应及时劝阻，立即通知餐饮部经理和保安赶到现场，防止事态扩大。对劝阻无效的客人，保安应采取强制措施，让其离开现场。情节一般的给予教育，情节严重的应报告公安机关处理，对损坏的设施进行索赔。

③肇事行为特别恶劣的，保安部应组织力量维持现场秩序，警惕不法分子趁机作案，并保护好肇事现场，收集斗殴证据，并动员现场见证人向公安机关提供证据。

（2）客房醉酒肇事

① 服务员发现客房内有醉酒宾客肇事时，应立即通知客房经理和保安赶到现场，防止事态扩大。客房经理应组织人员帮助客人解酒，安抚客人的情绪。对劝阻无效的客人，保安应采取强制措施将其劝离现场，以免影响隔壁房间客人休息。

② 肇事行为特别恶劣的，应报公安机关处理。保安部应组织力量保护好肇事现场，收集斗殴证据，并动员现场见证人向公安机关提供证据。

③ 客人醉酒后发生斗殴事件时，当班保安应立即组成应急小分队，赶到现场设法平息事件。如不能平息，应采取强制措施；如事态扩大，应立即报110和辖区派出所处置。公安未到达前，保安应急人员应在场控制事态，维持秩序，服务员有序疏散客人。

（三）客人发生纠纷处置

1. 防范措施

（1）前台、客房服务员对前来问询住店客人信息的人员要给予婉拒，严禁在未征得住店客人同意的情况下，将客人的任何信息透露给他人。

（2）客房服务人员要利用服务之机，密切关注店内情况，特别是来往会客人员以及客人之间谈话的气氛。各楼区主管和服务人员要对有债务纠纷的公司和客人做到心中有数。

（3）客房服务人员要加强对楼层的巡视和检查，加强会客登记制度，尤其要在年初、年末加强对客人的巡视密度。发现外来人员要主动、礼貌地上前询问要找的客人，是否有约等。

（4）对拒绝进行会客登记的外来人员要记清相貌特征、衣着打扮、口音、表情、动作和随身携带的物品，并注意在房间附近观察是否有异常情况。

（5）对经常到固定房间的外来人员要特别进行严密监视，并采取必要措施。

（6）如果住店客人事先提出过寻求保护的特殊要求，客房部要特别注意其会客人员，未经住店客人允许，应礼貌阻止外来人员进入房间。对强行闯入、神色异常、有携带凶器之嫌的要迅速报告保安部。

2. 处置预案

（1）如果外来人员与住店客人因纠纷发生口角，客房服务人员要主动上前劝阻外来人员尽快离开酒店，通过合法手续解决纠纷。

（2）如果住店客人与外来人员因纠纷发生打架斗殴的情况，服务人员要迅速报告保安部。报告时讲清报告人姓名，所在部门，发生事件的时间、地点、简要情况，有无人员伤亡等。

（3）保安部接报后，迅速赶到现场控制局面，将外来人员劝离客区直至护送其出民宿。

（4）为避免激化矛盾，保安部在接到报案后应适时、酌情前往进行处理，并注意文明用语。

（5）如果因债务、经济纠纷引发凶杀、枪击、绑架等暴力恶性案件，要迅速拨打110。随后保安部协助公安机关了解相关情况，保护住店客人。

（四）客人丢失物品处理

1. 接到客人报失

接到报警，首先应安抚客人，并记录发生地点和丢失的物品（名称、特征、数量）。

2. 采取的措施

（1）通知保安部并与保安人员共同到达出事现场。

（2）协助保安人员在丢失物品地点查找丢失物品。无法处理时，应协助客人报案。

3. 丢失报告的处理

（1）如客人在丢失报告中有指控民宿内容的，不能贸然签字。

（2）如客人有要求，可将丢失报告复印件交给客人保存。

（3）将丢失报告复印两份，分别送报涉及的值班经理和保安部。

（4）将丢失报告原件存档。

4. 做记录

在服务区交接班本上详细记录客人姓名、房间号、住店日期、丢失物品资料等情况。

5. 失物认领

（1）找到客人丢失的物品后，应及时联系客人。若客人在店，应由服务人员陪同保安部人员或公安人员到房间为客人办理认领手续；若客人已经离店，应请客人尽快来民宿认领失物。

（2）请客人描述失物的特征，确认后迅速交还给客人，并请客人签字。

（五）客人遗留物品处理

1. 发现未离店客人的遗留品

服务人员发现遗留物品后，应及时通知前台（或知道客人所在位置的部门，如餐厅），第一时间交还给客人。

2. 发现已离店客人的遗留物品

（1）客人遗留物品登记

① 当客人已经离店、无法交还时，需详细填写《宾客遗留物品登记表》，上交保存并通知前台。

② 认真记录物品名称、数量、团队名称、接待单位、查拾者姓名。对于遗留的贵重物品，值班人员应及时报告前台，经指示后派人送到保安部。

（2）客人遗留物品保管

① 凡是客人遗留的物品，均应妥善保管，不准丢弃或损坏。

② 由专人使用专柜，对客人遗失物品进行管理。

（3）客人遗留物品送还

① 在确认客人所失物品无误后，请客人在丢失物品认领本上签字认领。

② 客人通过电话、书信说明情况属实后，可委托他人来店认领。认领时，须查验其证件，核对无误后将遗留物品交还客人或认领人，记下认领人身份证号码、地址和姓名，由认领人签名；可以通过邮寄送还物品，邮资由客人承担（先向客人说明），邮局回执保留 1 个月。

③ 根据规定的遗失物品保存期，对贵重物品保存期限为 1 至 2 年，一般物品为 3 至 6 个月，食品 3 天至 1 个月。

（六）客人损坏物品处理

1. 调查

接到客人损坏财物的通知报告后，值班经理亲自检查被损物品，与客人核实情况。

2. 查阅价格

查阅被损物品的赔偿价格。

3. 索赔

直接与客人联系，有礼貌地讲明制度并要求赔偿。

4. 处理

（1）被损物品价值较小

① 向损坏者表明民宿将保留向其索赔的权利，及时判断赔偿金额，请客人付现金或记入房账并填写赔偿单。

② 若客人不在场时先记入其房账并填写赔偿单，再给客人留言请其与主管联系，由值班经理负责向其解释说明。

③ 用相机拍摄现场。

（2）被损物品价值较高

① 判断是否有潜在危险，并及时拆换或封锁现场危险区。

② 向损坏者表明民宿将保留向其索赔的权利，第一时间判断索赔金额，请客人付现金或记入房账，填写赔偿单。

③ 填写财物损坏报告，连同现场照片呈交有关部门。

（3）损坏物品的客人已离店。若客人已离店或者找不到当事人向其索赔，必须在日志上记录事情的经过，并向上级汇报。

5. 善后工作

（1）通知有关部门进行事后处理，补充被损坏物品。

（2）将详细情况记录于值班日志。

 任务实训

模拟民宿醉酒肇事处理全过程。

 复习与思考

1. 民宿服务危机的类型有哪些？
2. 客人发生纠纷应如何处理？

项目五

民宿运营服务

项目概况

无数的实践证明,开一家民宿仅仅有情怀是不够的。情怀很重要,是区别民宿和酒店的重要条件。然而大多数民宿都是需要以盈利为目的,为了让一家民宿可持续发展地运营下去,我们必须跳出传统的营销思路,以市场为导向,把服务尽量做到极致,让每一位顾客都成为自己最好的口碑广告,充分发挥民宿品牌的效应。

任务目标

【知识目标】

1. 了解团队建设的标准和流程。
2. 了解品牌建设的重要性。

【技能目标】

1. 能根据民宿组织运营管理的内容来组建一个民宿管理与服务团队。
2. 能根据品牌文化建设的内容进行民宿品牌文化建设。

【思政目标】

1. 培养学生的团队合作精神。
2. 培养学生忠于职守、爱岗敬业的职业精神。

任务导入

小明经过多年的努力终于在自己的家乡开了一家属于自己的民宿，看着旁边几家民宿热火朝天地经营着，而自己想尽了一切办法都不能使自家民宿的生意好起来。然而，小明家的民宿不论是在硬件还是在软件上，都是按照最好的标准来建设的，为什么生意会不如其他几家呢？你有什么办法能帮助小明改善现在的情况吗？

任务一　组织运营管理

在强调团队合作的今天，创业者想靠单打独斗获得成功的概率微乎其微。团队精神已成为不可或缺的创业素质，风险投资商在投资时更看重有合作能力的创业团队。对创业者来说，强强合作，取长补短，创建一个有凝聚力的团队，要比单枪匹马更容易接近成功。

一、运营模式分析

（一）一般酒店的运营模式

酒店运营管理模式主要如下。

1. 委托管理

委托管理是通过酒店业主与管理集团签署管理合同来约定双方的权利、义务和责任，以确保管理集团能以自己的管理风格、服务规范、质量标准和运营方式来向被管理的酒店输出专业技术、管理人才和管理模式，并向被管理酒店收取一定比例的基本管理费（约占营业额的 2% 至 5%）和奖励管理费（约占毛利润的 3% 至 6%）的管理方式。

2. 特许经营

特许经营是以特许经营权的转让为核心的一种经营方式，是利用管理集团自己的专有技术和品牌与酒店业主的资本相结合来扩张经营规模的一种商业发展模式。

它是通过认购特许经营权的方式将管理集团所拥有的具有知识产权性质的品牌名称、注册商标、定型技术、经营方式、操作程序、预订系统及采购网络等无形资产的使用权转让给受权酒店，并一次性收取特许经营权转让费或初始费，以及每月根据营业收入而浮动的特许经营服务费的管理方式。

3. 带资管理

带资管理是通过独资、控股或参股等直接或间接投资方式来获取酒店经营管理权并对其下属系列酒店实行相同品牌标识、相同服务程序、相同预订网络、相同采购系统、相同组织结构、相同财务制度、相同政策标准、相同企业文化及相同经营理念的管理方式。

香格里拉酒店集团是在我国最早采用此方式的国际酒店管理集团，2000年以前基本上以合资经营为主，对大多数管理的酒店持有绝对控股权。

4. 联销经营

近年来，伴随着全球分销系统（GDS）的普及和互联网实时预订功能的实现，国外的联销经营集团应运而生并且发展迅猛。酒店联销集团是由众多的单体经营管理的酒店自愿付费参加，并通过分享联合采购、联合促销、联合预订、联合培训、联合市场开发、联合技术开发等资源共享服务项目而形成的互助联合体。

（二）民宿的一般运营模式

为维护居住民宿游客的权益，各国政府机关皆会介入管理辅导，在英国、法国、日本，民宿业的经营皆采取许可制，须先取得执照方可营业。政府亦会对从业者在消防、建筑安全及食品卫生上有所规范，英、法二国并设有等级制度以区别民宿之良莠供游客参考。我国则是采用民宿服务质量认证制度。

民宿在民宿立法上学习欧洲的模式采取许可制，而且名称取为"体验民宿"，更说明了农业体验才是农游民宿的主要卖点和特色。只要有意愿即可推动农游事业，其经营者不限于农业背景，也不见得是由农协经营。各国民宿各具特色，不管当地政府怎样管理，是以什么形式来经营民宿，最终都逃不过体验，一个民宿不需要有多华丽的外表，但是一定要有内涵，能让入住的客人体验到当地的风俗文化。

（三）民宿的发展模式

1. 乡村酒店模式

在景区或城市周边按照酒店模式，对村落进行统一规划或改造，为游客提供标准化的食宿服务。

比如，莫干山裸心谷民宿（图5-1）。

位置：位于浙江湖州德清莫干山国家级风景名胜区内，距离上海两个半小时车程，距离杭州半小时车程。

图 5-1（见彩插 8）

规模：在莫干山后山建设八栋民居，占地面积 400 亩，建筑面积 12600 平方米，121 间客房。

设计理念：以"裸心理念"为核心设计，就地取材，坚持生态保护原则。

主题意境：亚非风情的融合、原始与时尚的碰撞。

功能：度假功能（客房、会议中心、水疗中心等）、娱乐功能（骑马、爬山、高尔夫、射箭、陶艺制作等）。

民宿建筑特征：客房分为夯土小屋和树顶别墅；建筑材料采用环保材料；景观设计讲究原生态和低成本、和谐性和特色化。

运营服务：裸心酒店管理公司负责项目开发与运营，部分员工雇佣当地居民，特色服务由专业人员提供。

莫干山地处沪宁杭金三角中心，是国家 AAAA 级旅游景区、国家级风景名胜区、国家森林公园。裸心谷民宿充分利用莫干山深厚的人文历史、良好的休闲旅游基础及完善的配套设施，保留中国的乡奢风格，坚持建筑与生态环境和谐发展理念，使酒店与环境融为一体，让人能无拘无束亲近大自然。

2. 乡居度假模式

利用村落丰富的休闲资源，通过成立乡村旅游合作社，鼓励村民积极参与，采用"村集体+企业"运营模式，引入休闲娱乐项目，获取盈利，实现乡村振兴。

比如，北京密云山里寒舍（图 5-2）。

位置：北京密云区北庄镇干峪沟村。

民宿建筑特征：将闲置农宅集中，进行整体打造，由村集体对村内空置民宅统一租赁回收，改造成外旧内新、外朴质内奢华的效果，塑造独立的度假品牌。

图 5-2（见彩插 9）

专业运营管理：山里寒舍引入了马来西亚雪邦黄金海岸酒店管理公司对其进行日常管理和运营，可以有效、专业地管理乡村酒店，以获取相应的收益。

山里寒舍保留外部结构，重新设计内部空间，满足游客住宿要求，统一安排就餐场所或送餐服务。村民参与，企业统一经营管理，民宿管家模式，消费性会员年卡销售，与社团培训组织定期举办活动，与携程等 OTA 合作，自媒体营销等。

3. 文化民宿模式

依托村落丰富的历史文化，保留传统建筑外观，筛选主题文化元素，设计个性化的文化民宿，为游客呈现立体的乡土文化博物馆。

比如，法国 Chateau La Touanne 古堡民宿（图 5-3）。

图 5-3（见彩插 10）

位置：法国卢瓦尔河谷。

民宿景观特征：16 世纪家族城堡原貌，拥有 17 世纪的地板、18 世纪的台球案、大会客厅、展室、加热泳池等。楼梯侧壁上装饰有古董家谱刺绣，房间及餐厅装饰有祖传油画。拥有大片领地花园，林地深处还有船坞、瞭望塔等。

配套设施与服务：私人停车场、现代化的取暖设备和卫生间等。

餐饮：提供早餐及收费晚餐，都是地道的法国家常菜。

古堡民宿为私人资产，堡主兼担园丁、大厨、维修工等角色，游客可在堡主的引导下参观古老城堡及花园，体验超值的城堡生活，这是古堡民宿最吸引游客的地方。

4. 农业庄园模式

在区位优越的乡村，以现代农业为基础，延伸产业链，发展庄园经济，为游客提供庄园生活体验。

比如，英国拜伯里（Bibury）（图5-4）。

图 5-4（见彩插 11）

位置：英格兰西南部科茨沃尔德（Cotswold）地区的科隆河畔。

乡村民宿：保持传统的建筑特色，古朴的石头房子，庭院以花草为主，大多由村庄居民自行经营，以 B&B 形式经营，为游客提供住宿和第二天的早餐。

现代农业：拜伯里的农业主要是畜牧业，以养羊为主，是英国最重要的羊毛生产地。

拜伯里作为典型的民宿型乡村，通过全面保护乡村景观，营造原汁原味的乡村氛围，当地居民积极参与，将自己的庭院精心打造成独具野趣的小花园，与乡村景观和谐统一。

（四）民宿的三个运营技巧

（1）除了传统的特色建筑，自然人文资源也是民宿的重要依托，挖掘文化内涵，是民宿产品创新的主要源泉。

（2）现在的民宿不再只是简单的食宿，而是体验的多元化，丰富的游乐体验项目，能让游客直接感受当地文化，有助于与民宿主人建立感情纽带。

（3）民宿主人的人格魅力是民宿的灵魂，在展示个性的同时，可以吸引志趣相投之人，让民宿成为爱好者的聚集地和交流平台。

二、组织建设

一个团队自然是需要不同职能的成员共同合作。对于架构的明确、职能的划分、协作的机制、成长的通道，民宿经营者都要定义清楚，然后随着日常运营不断提出更优方案。

（一）一般组织结构图

由于每家店所在区域不同，或是风格客户群定位的不同，组织框架的搭建也不相同。一般民宿组织结构如图 5-5 所示。

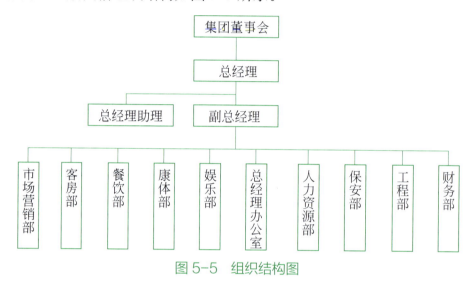

图 5-5　组织结构图

其中，餐饮部组织结构如图 5-6 所示，客房部组织结构如图 5-7 所示。

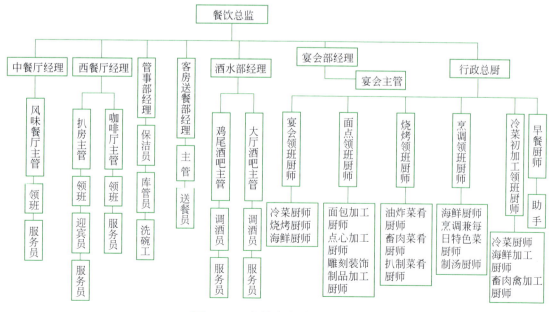

图 5-6　餐饮部组织结构图

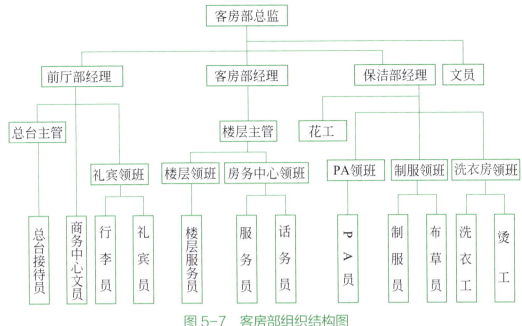

图 5-7 客房部组织结构图

民宿根据自身规模的大小,增加或是减少相应的单位来建设适合自身发展的组织结构模式。一般来说,民宿的组织结构模式都比较简单,以层级少而辐射广的椭圆形管理模式为主。

(二)团队建设

1. 建立团队内部标准流程

民宿运营中,问题其实是无处不在、无时不在的,因此,建立一套能持续改善的内部标准流程就十分必要了。民宿经营者要妥善处理好内部流程标准化与鼓励每一位成员充分发挥自己个性魅力之间的关系,让客人们感受到有着鲜明个体温度的高品质服务,并被切实打动,这其实也是培养高黏性客户群的有效方式之一。

那内部流程该如何优化呢?在加入团队之后,需要让成员们慢慢融入团队之中,融入日常的工作生活当中。这会经过以下过程。

第一步,要让成员感知到团队的服务理念、认知目标、规范和标准。

第二步,可向团队成员提供各项培训,令其学习技能,通过实际操作来检验和总结,达到标准。

2. 团队培养

(1)目的。提升人力绩效,提升员工素质,增强员工对本职工作的能力与对企业文化的了解,并有计划地充实其知识技能,发挥其潜在能力,建立良好的人际关系。

（2）适用范围。适用于民宿所有员工各项培训计划、实施、督导、考评以及改善建议等。

（3）权责划分

① 人事部门权责

A. 制定、修改民宿培训制度。

B. 拟订、呈报民宿年度、季度培训计划。

C. 收集整理各种培训信息并及时发布。

D. 联系、组织或协助完成民宿各项培训课程的实施。

E. 检查、评估培训的实施情况。

F. 管理、控制培训费用。

G. 负责对各项培训进行记录和相关资料存档。

H. 追踪考查培训效果。

② 各部门权责

A. 呈报部培训计划。

B. 制定部门专业课程的培训大纲。

C. 收集并提供相关专业培训信息。

D. 配合部门培训的实施和效果反馈、交流的工作。

E. 确定部门内部讲师人选，并配合、支持内部培训工作。

（4）总论

① 凡民宿员工，均有接受相关培训的权利与义务。

② 根据员工岗位职责，并结合个人兴趣，把握自觉自愿、合理公平的原则。

③ 民宿培训规划、制度的订立与修改，所有培训费用的预算、审查与汇总呈报，以及培训记录的登记与资料存档等相关培训事宜，以人事部门为主要权责单位，各相关部门负有提出改善意见和配合执行的权利与义务。

④ 民宿的培训实施、效果反馈及评价考核等工作以人事部门为主要权责单位，并对民宿的培训执行情况负督导呈报的责任。各部门应给予必要的协助。

（5）培训体系。培训体系包含三个模块。

① 新员工入职培训

A. 培训对象：所有新进人员。

B. 培训目的：协助新进人员尽快适应新的工作环境，顺利进入工作状态。

C. 培训形式：以周期性的内部授课方式进行。

D. 培训内容：分常规类和专业技术类两项科目，两项科目的具体内容可根据任职岗位的不同进行选择。

常规类科目：

民宿简介（包括本民宿发展史及企业文化，发展愿景，组织架构及职能等）；制度（主要是人事管理制度，部门绩效考核制度）；行业介绍与市场分析。

专业技术类科目：

岗位设计与工作流程；服务标准与操作技巧；管理流程与强化训练；其他。

② 内部培训

A. 培训对象：全员。

B. 培训目的：依靠民宿内部讲师力量，最大限度地利用内部资源，加强内部的沟通交流，形成互帮互助的学习氛围，并丰富员工的业余学习生活。

C. 培训形式：在民宿内部以讲座或研讨会、交流会的形式进行。

D. 培训内容：涉及民宿服务、管理、营销等多个方面，及员工感兴趣的业余知识、信息等。

③ 外部培训

A. 培训对象：全员。

B. 培训目的：依靠外部专家力量，提升从业人员在本职工作上所应具备的专业知识、技能技巧，以增进各项工作的完成质量，提高工作效率。

C. 培训形式：参加外部公开课、交流研讨会，或请外部讲师进行授课。人事部门应每半年做一次培训投资分析并呈报。

D. 培训内容：可分为三类。常规实用性培训——涉及专业技术知识、销售技巧、管理方法、领导技能、经营理念等；适合高层领导的培训——含企业战略性、发展性等内容；个人进修方面的培训——如MBA、专业技术认证等。

综上所述，关于团队培养，要有完善的多维度的培训体系，标准化的实际操作流程，定期总结改进的机制，清晰的成长规划，以及公平合理且不断优化的回报方案，让每一位价值观相近的成员迅速融入，有章法、有干劲、有期待、有成就。

团队培训体系结合前文所讲到的内部标准流程的建立，可使民宿运营从横向到纵向上都达到一个合理的矩阵。再结合运营过程中的实际反馈，无论是在团队管理方面，还是在体系构建上，都可以不断优化，做得更好。

3. 激励机制

激励机制是指通过特定的方法与管理体系，将员工对组织及工作的承诺最大化的过程。激励机制是在组织系统中，激励主体系统运用多种激励手段并使之规范化和相对固定化，而与激励客体相互作用、相互制约的结构、方式、关系及演变规律的总和。激励机制是企业将远大理想转化为具体事实的连接手段。

（1）内容。包括精神激励、薪酬激励、荣誉激励、工作激励。根据激励的定义，激励机制包含以下几个方面的内容：

① 诱导因素。诱导因素就是用于调动员工积极性的各种奖酬资源。对诱导因素的提取，必须建立在对队员个人需要进行调查、分析和预测的基础上，然后根据组织所拥有的奖酬资源的实际情况设计各种奖酬形式，包括各种外在性奖酬和内在性奖酬（通过工作设计来达到）。需要理论可用于指导对诱导因素的提取。

② 行为导向制度。它是组织对其成员所期望的努力方向、行为方式和应遵循的价值观的规定。在组织中，由诱导因素诱发的个体行为可能会朝向各个方向，即不一定都是指向组织目标。同时，个人的价值观也不一定与组织的价值观相一致，这就要求组织在员工中间培养统驭性的主导价值观。行为导向一般强调全局观念、长远观念和集体观念，这些观念都是为实现组织的各种目标服务的。勒波夫在《怎样激励员工》一书中指出，世界上最伟大的原则是奖励；受到奖励的事会做得更好，在有利可图的情况下，每个人都会干得更漂亮。他还列出了企业应该奖励的 10 种行为方式：

A. 奖励彻底解决问题的，而不是仅仅采取应急措施。

B. 奖励冒险，而不是躲避风险。

C. 奖励使用可行的创新，而不是盲目跟从。

D. 奖励果断的行动，而不是无用的分析。

E. 奖励出色的工作，而不是忙忙碌碌的行为。

F. 奖励简单化，反对不必要的复杂化。

G. 奖励默默无声的有效行动，反对哗众取宠。

H. 奖励高质量的工作，而不是草率的行动。

I. 奖励忠诚，反对背叛。

J. 奖励合作，反对内讧。

③ 行为幅度制度。它是指对由诱导因素所激发的行为在强度方面的控制

规则。根据弗鲁姆的期望理论公式（M=V×E），对个人行为幅度的控制是通过改变一定的奖酬与一定的绩效之间的关联性以及奖酬本身的价值来实现的。根据斯金纳的强化理论，按固定的比例和变化的比例来确定奖酬与绩效之间的关联性，会对员工行为带来不同的影响。前者会带来迅速的、非常高而且稳定的绩效，并呈现中等速度的行为消退趋势；后者将带来非常高的绩效，并呈现非常慢的行为消退趋势。通过行为幅度制度，可以将个人的努力水平调整在一定范围之内，以防止一定奖酬对员工的激励效率的快速下降。

④ 行为时空制度。它是指奖酬制度在时间和空间方面的规定。这方面的规定包括特定的外在性奖酬和特定的绩效相关联的时间限制，员工与一定的工作相结合的时间限制，以及有效行为的空间范围。这样的规定可以防止员工的短期行为和地理无限性，从而使所期望的行为具有一定的持续性，并在一定的时期和空间范围内发生。

⑤ 行为归化制度。行为归化是指对成员进行组织同化和对违反行为规范或达不到要求的处罚和教育。组织同化(Organizational Socialization)是指把新成员带入组织的一个系统的过程。它包括对新成员在人生观、价值观、工作态度、合乎规范的行为方式、工作关系、特定的工作机能等方面的教育，使他们成为符合组织风格和习惯的成员，从而具有一个合格的成员身份。关于各种处罚制度，要在事前向员工交代清楚，即对他们进行负强化。若发生违反行为规范和达不到要求的行为，在给予适当的处罚的同时，还要加强教育。教育的目的是提高当事人对行为规范的认识和行为能力，即再一次的组织同化。所以，组织同化实质上是组织成员不断学习的过程，对组织具有十分重要的意义。

以上五个方面的制度和规定都是激励机制的构成要素，激励机制是五个方面构成要素的总和。其中，诱导因素起到发动行为的作用，后四者起导向、规范和制约行为的作用。一个健全的激励机制应是完整的包括以上五个方面、两种性质的制度。只有这样，才能进入良性的运行状态。

（2）作用。激励机制一旦形成，它就会内在地作用于组织系统本身，使组织机能处于一定的状态，并进一步影响着组织的生存和发展。激励机制对组织的作用具有两种性质，即助长性和致弱性，也就是说，激励机制对组织具有助长作用和致弱作用。

① 积极作用。激励机制的助长作用之一，是定的激励机制对员工的某种符合组织期望的行为具有反复强化、不断增强的作用，在这样的激励机制作用下，组织不断发展壮大，不断成长。我们称这样的激励机制为良好的激励机

制。当然，在良好的激励机制之中，肯定有负强化和惩罚措施对员工的不符合组织期望的行为起约束作用。激励机制对员工行为的助长作用给管理者的启示是：管理者应能找准员工的真正需要，并将满足员工需要的措施与组织目标的实现有效地结合起来。

② 消极作用。激励机制的致弱作用表现在：由于激励机制中存在去激励因素，组织对员工所期望的行为并没有表现出来。尽管激励机制设计者的初衷是希望通过激励机制的运行，能有效地调动员工的积极性，实现组织的目标，但是，无论是激励机制本身不健全，还是激励机制不具有可行性，都会对一部分员工的工作积极性起抑制作用和削弱作用，这就是激励机制的致弱作用。在一个组织当中，当对员工工作积极性起致弱作用的因素长期起主导作用时，组织的发展就会受到限制，直到走向衰败。因此，对于存在致弱作用的激励机制，必须将其中的去激励因素根除，代之以有效的激励因素。

（3）运营模式。激励机制运行的过程就是激励主体与激励客体之间互动的过程，也就是激励工作的过程。这种激励机制运行模式，是从员工进入工作状态之前开始的，贯穿于实现组织目标的全过程，故又称之为全过程激励模式。

这一激励模式应用于管理实践中可分为5个步骤，其工作内容分别如下：

第一，双向交流。这一步的任务使管理人员了解员工的个人需要、事业规划、能力和素质等，同时向员工阐明组织的目标、组织所倡导的价值观、组织的奖酬内容、绩效考核标准和行为规范等；而员工个人则要把自己的能力和特长、个人的各方面要求和打算恰如其分地表达出来，同时员工要把组织对自己的各方面要求了解清楚。

第二，各自选择行为。通过前一步的双向交流，管理人员将根据员工个人的特长、能力、素质和工作意向给他们安排适当的岗位，提出适当的努力目标和考核办法，采取适当的管理方式并付诸行动；而员工则采取适当的工作态度、适当的行为方式和努力程度开始工作。

第三，阶段性评价。阶段性评价是对员工已经取得的阶段性成果和工作进展及时进行评判，以便管理者和员工双方再做适应性调整。这种阶段性评价要选择适当的评价周期，可根据员工的具体工作任务确定为一周、一个月、一个季度或半年等。

第四，年终评价与奖酬分配。这一步的工作是在年终进行的，员工要配合管理人员对自己的工作成绩进行评价并据此获得组织的奖酬资源。同时，管理者要善于听取员工自己对工作的评价。

第五，比较与再交流。在这一步，员工将对自己从工作过程和任务完成后所获得的奖酬与其他可比的人进行比较，以及与自己的过去相比较，看一看自己从工作中所得到的奖酬是否满意，是否公平。通过比较，若员工觉得满意，将继续留在原组织工作；如不满意，可再与管理人员进行建设性磋商，以达成一致意见。若双方不能达成一致的意见，双方的契约关系将中断。

全过程激励模式突出了信息交流的作用，划分了激励工作的逻辑步骤，可操作性强。

（4）信息交流。信息交流是一个组织成员向另一成员传递决策前提的过程。组织中的任何一个成员，作为一个决策者，他一方面从其他人那里得到自己决策所需的信息，另一方面又向其他人传送自己方面的信息。在激励机制运行中，信息交流是贯穿于全过程的，并且是双向的，即既有从激励主体传向激励客体的信息，又有激励客体传向激励主体的信息，双方交替扮演信息的发送者和接收者，甚至发生激励主体与激励客体位置的转换。组织目标或子目标的实现，往往需要数周、数月，甚至数年的时间。在此期间，需要领导人、管理者和员工们不断地推动，以维持高昂的士气。在推动目标实现的过程中，来自管理者对员工工作的评价最为重要，但在激励工作中往往得不到管理者的重视。对员工工作的评价，包括对工作进度的评价，对工作质量的评价，以及对工作进度及最终目标的关系的评价等。贯穿在工作评价中的奖惩信息，往往直接影响到员工工作的士气和积极性。

（5）五项原则

① 员工分配的工作要适合他们的工作能力和工作量。人岗匹配是配置员工追求的目标，为了实现人适其岗，需要对员工和岗位进行分析。每个人的能力和性格不同，每个岗位的要求和环境也不同，只有事先分析、合理匹配，才能充分发挥人才的作用，才能保证工作顺利完成。

可以通过四种方法来促进人岗匹配：第一，多名高级经理人同时会见一名新员工，多方面了解他的兴趣、工作能力、工作潜能；第二，公司除定期评价工作表现外，还有相应的工作说明和要求规范；第三，用电子数据库贮存有关工作要求和员工能力的信息，及时更新；第四，通过"委任状"，高级经理人向董事会推荐到重要岗位的候选人。

② 论功行赏。员工对公司的贡献受到诸多因素的影响，如工作态度、工作经验、教育水平、外部环境等，虽然有些因素不可控，但最主要的因素是员工的个人表现，这是可以控制和评价的因素。其中一个原则是员工的收入必须

根据他的工作表现确定。员工过去的表现是否得到认可，直接影响到未来的工作结果。论功行赏不但可以让员工知道哪些行为该发扬哪些行为该避免，还能激励员工重复和加强那些有利于公司发展的行为。因此，在工作表现的基础上体现工资差异，是建立高激励机制的重要内容。

③ 通过基本和高级的培训计划，提高员工的工作能力，并且从公司内部选拔有资格担任领导工作的人才。为员工提供广泛的培训计划，由专门的部门负责规划和组织。培训计划包括一些基本的技能培训，也涉及高层的管理培训，还有根据公司实际情况开发的培训课程，以帮助员工成长为最终目标。

④ 不断改善工作环境和安全条件。适宜的工作环境，不但可以提高工作效率，还能调节员工心理。根据生理需要设计工作环境，可以加快速度、节省体力、缓解疲劳；根据心理需要设计工作环境，可以创造愉悦、轻松、积极、活力的工作氛围。

安全是对工作条件最基本的要求，但却是很多企业难以实现的隐痛。应建立一大批保证安全的标准设施，由专门的部门负责，如医务部、消防队、高级警卫等，负责各自工作范围内的安全问题。向所有的工人提供定期的安全指导和防护设施。还可以建立各种安全制度，如必须有经过专门安全训练的员工轮流值班。

⑤ 实行合作态度的领导方法。在领导与被领导的关系中，强调合作态度。

领导者在领导的过程中，就如同自己被领导一样，在相互尊重的氛围中坦诚合作。领导者的任务是商定工作指标、委派工作、收集情报、检查工作、解决矛盾、评定下属职工和提高他们的工作水平。其中，最主要的任务是评价下属，根据工作任务、工作能力和工作表现给予公正评价，让下属感受到自己对企业的贡献，认识到在工作中的得失。评价的原则是"多赞扬、少责备"，尊重员工，用合作的方式帮助其完成任务。任务被委派后，领导必须亲自检查，员工也自行检验中期工作和最终工作结果，共同促进工作顺利完成。

（6）晋升。晋升激励机制就是依靠晋升来激励员工，提高其工作积极性。晋升是指员工由较低层级职位上升到较高层级职位的过程。众所周知，劳动分工是提高效率的手段之一，于是在企业内部就按照专业划分为许多职系，这些职系又被分为许多职位，这些职位形成层级系列，于是就有了晋升的条件。企业需要评价员工，看其是否能晋升到高一层级的职位上去。

① 激励机制作用。晋升机制有两个作用：一是资源配置，二是提供激励。这两方面都有利于降低员工流失率。首先，所谓资源配置的作用，通俗地说就

是合适的人做合适的事，实现能力和职位的匹配，这是人力资源管理的一项重要任务。其次，提供激励是指较高层级职位的收入和地位给处于较低层级职位的员工提供了激励。传统观念依然影响着现代社会的员工，他们的价值观中有一种根深蒂固的观念，即在企业中身居要职是能力和地位的象征，甚至将晋升当作个人成功的主要衡量标准。所以，良好的晋升机制给员工创造了追求晋升的氛围，能够为其晋升提供支持和保障。于是，为了获得荣誉上的满足感，员工会努力工作，以求以更快的速度得到提升，他们的使命感增强，延缓了工作流动的行为，降低了工作流动的概率。

② 激励机制原则：

第一，德才兼备，德和才二者不可偏废。企业不能打着"用能人"的旗号，重用和晋升一些才高德寡的员工，这样做势必会在员工中造成不良影响，从而打击员工的积极性。

第二，机会均等。人力资源经理要使员工面前都有晋升之路，即对管理人员要实行公开招聘，公平竞争，惟才是举，不惟学历，不惟资历，只有这样才能真正激发员工的上进心。

第三，阶梯晋升和破格提拔相结合。阶梯晋升是对大多数员工而言。这种晋升的方法可避免盲目性，准确度高，便于激励多数员工。但对非常之才、特殊之才则应破格提拔，使稀有的杰出人才不致流失。

③ 激励机制流程。员工提出书面申请，申请内容包括对未来经理工作的设想、自身所具备的能力素质、自身的工作经验等，交给人力资源部。对应聘者递交的各项材料、《员工职业发展规划表》《能力开发需求表》等进行初审，通过后，交给考核管理委员会进行复审，考核管理委员会通过后就可以让总经理签发任命通知，这样就完成了一次员工的晋升工作。

为了让团队成员能够更好地协作，彼此之间越来越有凝聚力，实现民宿目标的最大化，民宿经营者必须重视团队建设。

 任务实训

以小组为单位，画出乡村民宿组织结构图。

 复习与思考

1. 请设计一份适合重庆乡村民宿的激励机制。
2. 假如你要开办一家民宿，你怎么来建设属于你的团队？请合理考虑需要的人数、学历、岗位分配等。

任务二　品牌文化建设管理

一、了解酒店品牌策划

酒店品牌策划就是运用酒店营销手段来塑造酒店品牌形象。酒店品牌打造得好，就是酒店品牌形象塑造得出色。酒店品牌形象的打造有一个模式三条途径，这个模式就是"整合品牌营销"模式，三条途径就是导入"品牌形象识别系统""品牌推广运营系统"和"品牌管理控制系统"。

酒店品牌形象不是孤立存在的，它是由酒店营销中的其他形象罗织起来的，如产品的形象、价格的形象等，它们都关系到酒店品牌形象的建设。它主要体现在酒店品质形象、酒店价格形象、酒店广告形象、酒店促销形象、酒店顾客形象和酒店品牌形象。

（一）如何建立酒店品质形象

品质形象是品牌形象的基础。建立品质形象并不简单到只是提高一下产品的质量，关键是要建立起"良好品质"的印象。要从一开始就做到这一点，这十分重要。良好的第一印象是成功的一半。另外，产品需要改良的地方很多，一定要先从能够"看上去就好"的地方下手。品质形象不能仅仅停留在"用了就说好"的层面上，要做到"看了就说好"才行。所以说，品质形象要有"看得见、摸得着、感得到"的改善才能满足打造品牌的要求。

（二）如何建立酒店价格形象

我们常用产品零售价格的高低来形容其价格形象，认为高价格就是好形象，低价格就是坏形象，这的确有失公允。应该说，价格的高低是相对而言的，在与同类产品的比较中才有高低之别。在产品缺乏"看上去就好"时，定高价会有损品牌形象，但当产品的品质形象建立时，定低价也会有损品牌形象，所以，品质形象和品牌形象又是价格形象的基础。因此，"品质/价格"和"品牌/价格"的定价模式才更合乎打造品牌形象的需要。

（三）如何建立酒店广告形象

要建立广告形象，企业有两条可控制因素和一条不可控制因素。可控制的因素：一是选择大媒体做广告，二是进行大投入做广告。不可控制的因素就是广告质量，包括创意和制作水平。简而言之，建立广告形象需要"二大一高"，即"大媒体、大投入、高水平"。一般而言，媒体大，形象就大；投入大，形象就强；水平高，形象就好。

（四）如何建立酒店推销形象

推销是将产品推向市场、推向消费者的活动，推销应以顾客的需要为出发点，尽可能地满足顾客的需要，包括潜在的需要，使自身获得最大的利润。通过推销，业主可以提供更优质的服务，急客人所急，想客人所想。

酒店的每一位员工都是酒店的推销员。做好推销工作首先要了解酒店的产品，我们的任务是使客人在选择中获得满意，只是尽量鼓励客人做出选择甚至多做选择，因而要把握好一个前提、四个时机。

一个前提是让客人了解酒店内的产品请客人自己选择。

四个时机即：一是，当客人犹豫不决时，服务员应见机行事，主动上前根据客人需要主动推销；二是，当客人要求服务员帮助选择时，服务员应热情地根据客人的需要进行推销；三是，当客人所需产品在时间或者空间上有交错时，服务员应用委婉的语言提醒客人进行更换，并主动推销其他产品；四是，当客人所选择的产品没有时，应诚恳地表示歉意，推销类似的产品（切勿强调什么都有）。

（五）如何建立酒店品牌形象

酒店品牌是隶属于酒店市场主体的，而酒店品牌形象与酒店企业形象息息相关。建立酒店企业形象，可从有形的建设和无形的建设入手。前者指的是导入企业形象识别系统；后者指的是营造企业的精神文化。但这些都是企业内部的打造。建立企业形象，关键还在于更多地进行媒体的宣传报道。当然，这些媒体消息必须是有利于企业的。如果缺乏媒体的支撑和传播，企业的形象很难转化为市场的形象。

二、策划成功品牌的六个要素

（一）属性与定位

品牌是品牌特许经营的灵魂。成功的品牌策划可使企业在消费者的心智中形成一种具有忠诚度的心理占位，并区隔其他产品及服务，方便消费者识别、采用，从而给企业的产品及服务带来增值收益，形成一种无形资产，这就是品牌的属性及定位。比如，桔子水晶品牌意味着简约、自由、随意的情调和时尚的氛围；再比如，圣·瑞吉斯品牌意味着全球酒店的经典品牌，意味着超五星级精品酒店。这些品牌属性清晰，明确地主张着一种生活方式及品味定位。

（二）利益

品牌应准确地向消费者传达出消费利益。比如，宝洁公司把利益诉求的手法运用得炉火纯青：海飞丝"头屑去无踪，秀发更出众"；飘柔让你头发"自然、柔顺、光泽"；潘婷是"滋养秀发"不二之选。每个品牌分别针对不同的发质问题，明确提出不同利益诉求，使消费者一旦遇到上述问题就会向这些品牌寻求解决之道，指名购买。

在广告巨擘罗塞·里夫斯创造的 USP（独特销售主张）理论中，也强调了这个道理，即品牌要向消费者传达产品的具体卖点和购买利益。在他手中诞生的经典的 M&M 巧克力广告语就完美体现了这一原则，"只溶在口，不溶在手"，这句广告语言简意赅，一语道破糖衣巧克力带给消费者的独特利益——不脏手。

（三）价值

品牌也代表着产品及服务的价值。比如，沃尔沃品牌代表着世界上最安全的汽车，必胜客代表着比萨制作专家。这种品牌价值随着市场传播扩大、深入，产品的溢价性就越高。因此，一流经营者对"金字招牌"都视为生命加以呵护。

（四）文化

品牌也代表着一种文化。比如，喜达屋旗下的福朋酒店为宾客提供的不仅仅是亲切和充满活力的服务，还传递着"诚信、简约和舒适"的旅居体验。酒店的设计以原木色彩为主，简洁自然，与福朋的 Logo 四色风车风格一致，让客人有一种轻松不拘束、愉悦的感受。酒店职员在非重要场合，并不一定非要打领带；提倡在同事包括上下级之间直呼英文姓名。这些点点滴滴都充分体现了福朋品牌的文化和价值取向。

（五）个性

品牌也反映企业的个性。如宾客一旦迈入福朋酒店大堂，即会闻到空间中弥漫着苹果派型香味，从而体验到一种舒适、温馨如家的感觉。这种专属于福朋酒店的气味标签，也是福朋品牌的个性基因。

（六）消费者

品牌暗示了消费人群类型。比如，一想起俏江南酒店的消费者，一般都认为是都市白领、小资人群。

品牌商针对上述六个要素进行完整、明确和有效的策划，再运用 CIS（企业识别系统）模型，对品牌三个方面的显性特征进行固化：理念识别（MI）固化、行为识别（BI）固化、视觉识别（VI）固化。此外，还可以结合品牌人格化、品牌故事等手法，使品牌形象鲜活，从而引发消费者对品牌的认同。

三、民宿品牌建设

（一）品牌形象设计

品牌作为民宿的形象代表，向旅客传递着民宿的文化、价值观、个性特色、个性化服务、硬件设施等，由此在旅客心中产生综合形象，拉近了民宿与旅客之间的距离，使其变得"熟悉"，以建立起民宿良好的形象。

1. 品牌形象设计的目的

很多民宿主面临着定位失准、品牌形象模糊的困难，为更好地吸引客源，提升民宿的经济效益，民宿品牌形象塑造的重要性也就凸显了出来。

品牌形象设计，可从视觉、服务、情感等方面，丰富民宿的形象表现形式，消除旅客对民宿的陌生感，并逐步建立起信任基础，增强旅客对于民宿的品牌认同，强化旅客对于民宿的个性化记忆，进而提高民宿的入住率，最终建立起民宿的品牌。

2. 品牌形象设计需考虑的因素

在策划民宿的开始，就应给民宿确定主题以及要吸引的目标客群，是学生、背包客、家庭出游，还是独自旅行等。

民宿的主题和吸引的消费群体，不同的消费需求，以及目标客群的审美偏好，这些都影响着品牌形象的设计和打造。分析民宿的目标群体，能了解到他们更喜欢哪种品牌形象，比如民宿是休闲度假主题，这部分人通常渴望休闲、轻松，可以考虑融入诸如温馨、亲切等特质。

（二）品牌形象打造

品牌打造伴随着民宿从策划到落地，再到运营管理、营销和服务的全过程。

1. 起一个能注册商标的名字

很多投资者在给民宿起名字的时候，会用一些通用词汇作为自己民宿的名称。

其实，品牌不仅仅是为方便旅客辨识、记忆和传播，更重要的是品牌是民宿的无形资产。建议在命名时，在国家知识产权局商标局网站进行查询，然后注册成商标。

2. 打造品牌特色与风格

品牌能够反映出民宿的风格与特色、民宿主人的气质与修养，品牌的意境决定民宿的体验感，也是形成民宿品牌的关键。

有种东西叫"吸引力"，不同特色的民宿会吸引不同兴趣的客群。就拿传统民宿来说，有陕西窑洞、福建土楼、徽派建筑等。

民宿品牌设计是把客群的审美喜好放大，借着品牌给出的印行方案，在对当地历史背景、人文风情做分享时，顺便对民宿品牌做宣传，并在地域文化特征中，打上你民宿品牌的烙印。

3. 打造品牌文化

民宿品牌需要文化的注入，可以结合地域文化、主人情趣、特色服务等打造一个有故事、有场景的民宿。一个没有故事、没有人文的民宿，是没有生命力的。

品牌文化是在民宿经营中逐渐打造迭代而成的，是个积淀的过程，也是旅客逐步形成的认知与共识，代表着一种价值观、一种品位、一种格调和一种生活方式。经营者要对民宿的长期发展有规划，要清楚地知道当前区域市场业态及竞争，每一阶段怎么运作，这是品牌决胜的关键，也是品牌的魅力所在。

4. 品牌的传播

互联网时代，大媒体渠道正在被小众的自媒体取代，民宿主在做好线下推广外，还要做好线上推广，通过自媒体平台，持续输出优质的内容，创造更多曝光机会，使品牌内容累积在互联网中并形成传播。

（三）民宿品牌推广策略

1. 精准定位客群，围绕用户需求打造产品

思考客人是谁，客人的需求是什么，从而定位自己的品牌设计，打造满足

用户需求的产品和服务。

2. 真实记录地域文化，零成本做好品牌营销

当有了一个满足需求的好产品后，需要让大家知道它，将品牌传播出去，吸引媒体的主动曝光。把当地的真实生活记录下来，使之成为人们感兴趣的故事，人们就会因为故事来追寻故事的源头。

3. 通过"产品延伸"，增加用户复购率

通过分享不同的美好生活场景，组织不同的休闲、聚会、聚餐、集市、团建等活动，并提供餐饮、咖啡、酒水等服务，让客人在不同时间都能有不一样的体验和收获。

（四）自媒体推广渠道的选择

随着移动互联网新增红利消退，OTA 中心化平台所分发给每一个入驻酒店商家的精准流量日渐减少，酒店商家只能持续加大付费流量投入来保障来自 OTA 渠道的订单数量。由此看来，传统"以 OTA 平台为主要获客渠道"的模式已成为当下酒店商家的"流量困局"。特别是对于民宿这种小资本运营的产业而言，选择自媒体成为更省钱和更好的推广方式。

1. 选择自媒体平台

自媒体的平台渠道选择，也决定了民宿运营的好坏和流量的多少，民宿经营者需要懂得多种平台推广方式，比如朋友圈、微信公众号、小程序、抖音、快手等。

对于民宿经营者来说，如果想要利用自媒体宣传，而本身对自媒体运营又比较感兴趣，甚至有一定的经验，就可以考虑自己做一个官方号。内容形式是图文的还是视频的，就要根据创作的难易程度、花费的成本来考量。有些体量非常大的民宿，甚至会请专业的运营人员去做自媒体账号。

现今形形色色的自媒体渠道数不胜数，如微信公众号、头条号、百家号等综合自媒体平台，还有抖音、快手等小视频平台。

每个平台的选择，内容要有差异化。比如，微信公众号与小程序适合传达介绍与消费者黏性运营；抖音适合创意和活动视频。

这些渠道都可以去做，但不能一把抓，还需要有针对性地选择。最基础的是，需要了解这些渠道的活跃用户跟自己的目标客群是不是贴近。比如，头条号、百家号等自媒体的活跃用户年龄偏大一点，而抖音、微视等自媒体的活跃

用户就偏年轻化，因此需要有选择地去打造渠道，从而提高推广效果以及提升转化率。

2. 与外部自媒体合作

与自媒体合作的方式多种多样，怎样的合作才更有利于民宿的推广，成为民宿主人要解决的重要问题。伴随着移动互联网发展兴起的数字化营销技术与去中心化商业理念，"私域化直销模式"让民宿主人看到了机会。

（1）微信公众号，个性图文内容"种草"，模板触达有效转化。微信公众号是酒店进行内容"种草"营销的天然载体，不仅可以发送多媒体图文内容进行意向客户"种草"，还能与小程序结合引导客户线上消费转化。日常商家可以发布以房品推荐、餐饮美食为主要内容并带有酒店小程序的"种草"图文，引导客户在线下单订房。同时挑选一个日期作为会员权益日，利用酒店小程序发放20元满减优惠券、9折订房优惠券等触达客户，引导到店转化。

此外，公众号模板消息+小程序的组合会具有强触达加变现的能力：商家可以在元旦、五一等节假日推出连续入住两晚享85折的促销活动，并以模板消息触达客户，引导客户点击跳转小程序领券后订房转化。

（2）附近客流定向辐射，花式发券引客到店。在酒店实际经营的场景中，存在有不少客户临时就近选择酒店的情况。借助微信"附近的小程序"的原生流量入口，民宿商家可以将自身小程序展示在"酒店"分类的列表中，并以精美的主题房品图片+个性化的文案内容，引导意向客户一键点击在线订房。如此，酒店商家便可以有效地以微盟智慧酒店小程序为载体，获取门店附近的临时意向潜在客户。

此外，商家还可以用小程序发放优惠券吸引客流到店，例如日常选择投放不同使用时间、支持全场可核销的房品折扣券；新的非房商品上市时，发放仅支持单品可核销的新品折扣券。通过不同种类的优惠券让利客户，可以有效吸引客流领券到店，进一步引导消费转化。

（3）社群分享个性互动，低价引流持续转化。喜好旅游以及去不同酒店体验的人会自发出于兴趣而组成各种形式的社群，并在群内进行旅游、酒店住宿体验分享等内容交流。于酒店而言，此类社群中具有大量与自身客户画像相似的潜在用户，有效利用社群资源，并通过小程序即可有效实现低成本精准获取客户。

商家可以通过搜索"酒店入群"等关键词，或者酒店行业的探店类KOL

合作的方式加入这类社群。入群后，商家可以用红包互动+酒店特色介绍的方式进行群内潜在客户的意向"种草"。以度假酒店社群为例，商家入群后可以结合自身优势对酒店的观海视角、绿植覆盖、游泳池设施等展开互动问答。等到有意向潜在客户表现出明显兴趣的时候，商家可以一键转发酒店的订房小程序，并发送相应优惠券吸引潜在客户线上订房，变现流量。

（4）朋友圈精准送达，多维定向、品效合一。当下，不少酒店商家为了优化自身的盈利能力，以多元化营收模式提升风险对抗性，都推出了例如特色餐饮等本地化休闲娱乐服务，因此需要一条能有效触达目标客户群的营销渠道。朋友圈广告+小程序的组合为酒店商家进行非房项目的本地化推广提供了有效的思路；借助朋友圈人群+地域的双重定向能力，通过"性别""兴趣""爱好""地理位置"等标签参数的设置，酒店商家可以结合自身非房服务的客群特点进行个性化组合策略投放；电竞酒店的"游戏陪玩"服务可以选择门店周边 5 千米，18～35 岁，浏览过"游戏""电竞"等信息的潜在客户，进行精准触达。同时内层小程序落地页也可以选择新开会员红包领取、头次消费满减券等营销活动页面，让经过外层跳转而来的潜在客户能够直接领取福利到店消费，加速广告流量转化效率。

（5）"大 V"加持品牌背书，话题"种草"引流变现。微博入驻了大量酒店探店博主、旅游分享博主等具有强大影响力的 KOL 以及 KOC，其粉丝对于酒店体验以及旅游等兴趣较高，聚集了很多酒店商家的目标潜在客户群体。

酒店商家可与这类 KOL 以及 KOC 进行合作，结合自身的特点在微博上发布房间设计、艺术摆件、特色餐饮服务、周边景区特色等带有酒店小程序码的营销内容，借势博主的影响力加持品牌背书，引导潜在客户线上订房。

此外，微博还具有大量基于热点、兴趣的关键词话题，其中有大量的爆点、热点内容，自带高流量属性。酒店商家可以通过微博长图文+小程序的方式输出自身品牌信息、促销等多重内容，并发布至"酒店、旅行、出差"等话题，在提升自身品牌知名度的同时，引导目标客户群下单，持续变现流量。

（6）贴吧营销高效推广，精准变现搜索流量。百度贴吧承接了大量经由百度搜索引擎而来的"关键词"搜索流量，搜索人群目的性强，变现效果好。酒店商家在"杭州""休闲"等基于地域、行业属性名词的贴吧内发布以客户视角撰写的体验图文+小程序码，将会实现对于搜索客户的"种草"，并引导小程序订房转化。

此外，文内可以多次提及"酒店""城市名"等关键词以提升帖子在贴吧内、百度搜索的排名，可以曝光品牌以提高获客效率。

（7）线下门店裂变营销，全民分销强化获取客户。在门店场景中，针对线下直接到店订房的客户，商家可以在前台放置酒店小程序海报，以免住房押金或者小额优惠引导客户扫码订房。同时发起以微信好友关系为信任背书的裂变营销：告知订房客户转发海报到朋友圈并收集 10 个赞，将额外赠送早餐一份。以此来吸引客户人脉中的潜在客户，显著提升以老带新的获取客户效果。

同时，民宿可以利用智慧酒店后台设置分销推广规则，针对内部员工发起常态化的分销活动：对部分的房品生成分销 H5 页面，由员工转发房品链接到朋友圈，客户通过该链接进行订房或充值消费，员工就能得到现金奖励，激发员工积极性，并提升员工中朋友圈潜在客户的转化率。

未来，"私域化直销"将作为酒店摆脱 OTA 高度依赖，渠道订单比重过大所带来的获取客户风险的长期战略方向而存在。酒店商家更应该提早入局，借力数字化营销技术构造自己的私域流量池，以存量客户的有效价值挖掘带动增量实现流量正向循环。

微盟智慧酒店小程序也将不断完善自身的与外部触点的结合能力，更好地实现与酒店线上、线下的全场景深度融合，持续赋能酒店"多场景获客"能力，不断地实现客户、业绩的双重增长。

任务实训

以小组为单位设计民宿 Logo。

复习与思考

1. 如果你是某家民宿的总经理，你更愿意选择哪种自媒体渠道进行推广？

2. 酒店品牌建设和民宿品牌建设的共同点和不同点分别有哪些？

3. 小组合作设计一个属于你们自己的民宿品牌。

项目六

民宿安全服务

项目概况

安全是民宿工作的生命线,没有安全就没有旅游业。安全、舒适、方便是客人对民宿产品的最基本需求,增强安全意识,提高对安全事故的预防与处理能力,是民宿工作的重要内容。通过本项目的学习,让学生知道民宿安全服务的内容,明白安全防范的重要性,熟悉各类突发事件的处理方法,具备处理突发事件的能力。

任务目标

【知识目标】

1. 懂得扑救火灾的方法。
2. 懂得逃生疏散的方法。
3. 熟悉民宿餐饮从业人员的健康要求。
4. 熟悉煤气泄漏时的应急处理方法。
5. 熟悉各种常见问题的急救知识。
6. 熟悉各种突发事件的处理方法。

【技能目标】

1. 能使用灭火器材扑救初起火灾。
2. 能报火警,能组织疏散逃生。

3. 能对食物中毒客人进行应急处理。

4. 发生煤气泄漏时,能采取有效措施进行应急处理。

5. 能利用所学急救知识对伤者进行急救处理。

6. 能正确处理常见的突发事件。

【思政目标】

1. 培养学生的安全工作意识。

2. 培养学生团队合作的能力。

3. 培养学生认真负责的工作态度。

4. 培养学生强烈的社会责任意识。

 任务导入

2020年5月,某民宿发生火灾,造成2人死亡。此次火灾过火面积60平方米,直接财产损失约30万元,起火原因是屋内墙上插头处发生电气故障,引燃木质墙体及墙体内的保温泡沫板等可燃物。

案例给予我们哪些启示?

任务一　消防安全管理

火灾时时刻刻对民宿安全构成巨大的威胁,它直接威胁到民宿内人员的生命安全和民宿的财产安全,影响民宿的后续经营发展。因此,消防安全管理属于民宿业态中必须重视的环节,合法的民宿必须取得消防许可证才能开门营业。

作为民宿从业者,必须做到"四懂四会"。四懂:懂得岗位火灾的危险性,懂得预防火灾的措施,懂得扑救火灾的方法,懂得逃生疏散的方法。四会:会使用消防器材,会报火警,会扑救初起火灾,会组织疏散逃生。

同时坚决贯彻"以防为主,防消结合"的消防原则,在"防"字上下功夫,杜绝火灾隐患,把火灾消灭在萌芽状态。

一、火灾预防措施

在装修设计民宿时,必须严格按照《农家乐(民宿)建筑防火导则(试行)》中的相关条例进行装修布局设计。

(一)民宿消防设备安全规范

(1)应设置安全出口,3层及3层以下的民宿,需要设置1部疏散楼梯,疏散楼梯不得采用木楼梯。

（2）在看得见的区域中配备火灾报警装置，设置独立式感烟火灾探测报警器或火灾自动报警系统。

（3）每间客房均应按照住宿人数每人配备手电筒、逃生用口罩或消防自救呼吸器等设施，并应在明显部位张贴疏散示意图。

（4）灭火器设置在各层的公共部位及首层出口处，每层不应少于2个，每层应配置消防应急水龙头1个。

（5）安全出口、楼梯间、疏散走道应设置保持视觉连续的灯光疏散指示标志，楼梯间、疏散走道应设置应急照明灯。

（6）客房、餐厅、休闲娱乐区、零售区、厨房等不应设置在地下室或半地下室。零售区、厨房宜设置在首层或其他设有直接对外出口的楼层。

（7）客房、餐厅、休闲娱乐场所、厨房等应设有开向户外的窗户，确有困难时，可开向开敞的内天井。窗户不应设置金属栅栏、防盗网、广告牌等遮挡物，确要设置防盗网时，防盗网和窗户应从内部易于开启。窗户净高度不宜小于1米，净宽度不宜小于0.8米，窗台下沿距室内地面高度不应大于1.2米。

（8）厨房与建筑内的其他部位之间应采用防火分隔措施。厨房墙面应采用不燃材料，顶棚和屋面应采用不燃或难燃材料，灶台、烟囱应采用不燃材料。

（9）砖木结构、木结构的民宿厨房防火措施达不到要求的，与炉灶相邻的墙面应作不燃化处理，灶台周围2米范围内应采用不燃地面，炉灶正上方2米范围内不应有可燃物。

（10）装修材料不得采用易燃、可燃材料。楼梯间的顶棚、墙面和地面应采用不燃装修材料；疏散走道的顶棚应采用不燃装修材料，墙面和地面应采用不燃或难燃的装修材料；客房与公共活动用房的顶棚、地面应采用不燃或难燃的装修材料。建筑外墙不得采用可燃易燃保温材料和可燃易燃外墙装饰装修材料。

（11）有条件的地区，可在二层以上客房、餐厅设置建筑火灾逃生避难器材。

（12）应当在可燃气体或液体储罐、可燃物堆放场地、停车场等场所，以及临近山林、草场的显著位置设置"禁止烟火""禁止吸烟""禁止放易燃物""禁止带火种""禁止燃放鞭炮""当心火灾——易燃物""当心爆炸——爆炸性物质"等警示标志。在消防设施设置场所、具有火灾危险性的区域应在显著位置设置相应消防安全警示标志或防火公约。

（二）民宿日常消防安全管理

1. 明确消防责任人的安全职责

（1）建立健全防火责任制和消防安全制度。

（2）配齐并维护保养消防设施、器材。

（3）组织开展防火检查，整改火灾隐患。

（4）每年对民宿从业人员进行消防安全教育培训。

（5）制定灭火和疏散预案，每半年至少组织一次消防演练。

2. 民宿日常消防安全管理内容

（1）地毯、家具、床罩、墙面、房门等都应选择具有阻燃性能的材料。

（2）电器设备安装使用应安全可靠。电气线路应当埋墙暗敷，明敷的电气线路必须套用阻燃或金属管进行保护；严禁私拉乱接电气线路，严禁擅自增设大功率用电设备，严禁在电气线路上搭、挂物品。

（3）严禁在客房内安装燃气热水器。

（4）严禁在客房、餐厅内存放汽油、煤油、柴油、酒精等易燃、可燃液体。

（5）床头柜放置"禁止卧床吸烟"标识。配合保安部定期检查防火、灭火装置及用具。

（6）民宿的客房内不得使用明火加热、取暖。在其他场所使用明火加热、取暖，或使用明火照明、驱蚊时，应将火源放置在不燃材料的基座上，与周围可燃物确保安全距离。

（7）安全警示标识完备，任何时候都能指示客人。

（8）安全通道处不准堆放任何物品，不准用锁关闭，确保疏散通道、安全出口、消防车通道畅通。

（9）员工掌握灭火设备的使用方法和技能。

（10）《房内安全须知》中应有防火要点及需客人配合的具体要求，并能加强对住客的防火宣传。

（11）确保电梯口、过道等公共场所有足够的照明亮度，安全出口24小时都有红色照明指示灯，楼道内应有安全防火灯及疏散指示标志。

（12）各岗位服务人员在防火、灭火中的任务和职责明确。客房服务员在整理房间时，注意检查安全隐患；客人离开客房，应断开除冰箱等必须用电外的所有电源。

（13）严禁在安全出口、疏散楼梯、疏散通道及燃气管线停放电动汽车、电动自行车,或对电动汽车、电动自行车充电。电动汽车充电装置应具备充电完成后自动断电的功能,并具备短路漏电保护装置,充电装置附近应配备必要的消防设施。

(14)民宿临近山区、林场、农场、牧场、风景名胜区时,禁止燃放孔明灯。

二、几种常见灭火器材的使用方法

(一)二氧化碳灭火器

1. 适用范围

主要用于扑救电器设备的火灾及食油、汽油、油漆等引发的火灾。

2. 灭火原理

二氧化碳灭火器(图6-1)是将二氧化碳气体压缩成液体,贮存于灭火器的高压钢瓶内,当液体喷出后,由于压力大大降低,二氧化碳液体迅速气化,吸收大量热量,在喷筒内温度迅速降低,使二氧化碳冷凝成雪片状的固体,当"雪花"覆盖在燃烧物上时,会立即气化,同时冲淡和隔离燃烧所需要的氧气。当二氧化碳气体在空气中含量达30%左右时,火焰会被扑灭。

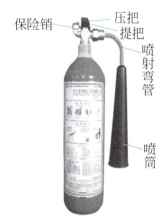

图6-1 二氧化碳灭火器

3. 使用方法

(1)右手握着压把。
(2)右手提着灭火器到火灾现场,距离着火物5米处,上风方向。
(3)除掉铅封。
(4)拔掉保险销。
(5)站在距离火焰2米的地方,左手拿着喇叭筒,右手用力压下压把。
(6)对着火焰根部喷射,并不断推前,直至把火焰扑灭(图6-2)。

4. 注意事项

(1)要顺风喷射,不要逆风使用。
(2)从火焰上方向下喷射,以便二氧化碳尽快覆盖火源,迅速将火扑灭。
(3)不要放在火源和热源附近(存放温度应在小于40℃以下)。

图 6-2　二氧化碳灭火器使用方法

（4）使用时不要用手摸金属导管，以免冻伤。

（5）检查时，发现总重量减少十分之一时，应补充加灌。

（二）干粉灭火器

1. 适用范围

适用于扑救各种油料燃烧、电器设备燃烧等。干粉不导电，可以用于扑灭带电设备的火灾。

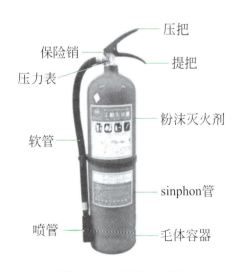

图 6-3　干粉灭火器

2. 灭火原理

干粉灭火器（图 6-3）将轻而细的粉末覆盖在燃烧物上，可以阻止氧气进入燃烧区，使之与空气隔绝，达到灭火目的。同时，干粉在化学反应过程中，要吸收大量的热，放出水蒸气，分解出二氧化碳，也能起到冷却和隔离作用。

3. 使用方法

（1）右手握着压把，左手托着灭火器底部，轻轻地取下灭火器。

（2）右手提着灭火器到火灾现场，距离着火物 5 米处，上风方向。

（3）除掉铅封。

（4）拔掉保险销。

（5）左手握着喷嘴，右手提着压把。

（6）在距离火焰2米的地方，右手用力压下压把，左手拿着喷管左右摆动，喷射干粉覆盖整个燃烧区。喷粉要由近而远，向前平推，左右横扫，不使火焰窜回（图6-4）。

图6-4　干粉灭火器使用方法

4. 注意事项

应保持干燥、密封。在灭火剂用完或气瓶气不足时，应更换灭火剂或补充气体量。

（三）泡沫灭火器

1. 适用范围

用于扑灭油类、可燃液体、可燃固体的初起火灾。不宜扑灭可溶性液体的火灾。

2. 灭火原理

（1）灭火器瓶胆内的酸性液与筒身的碱性液混合，发生化学反应产生泡沫，喷射到燃烧物上，泡沫在燃烧物表面形成泡的覆盖层，使燃烧物表面与空气隔绝。

（2）泡沫层封闭了燃烧物表面，可以隔断火焰的热辐射，阻止燃烧物本身和附近可燃物质的挥发。

（3）泡沫液体对燃烧表面进行冷却。

（4）泡沫受热蒸发产生的水蒸气可以降低燃烧物附近氧的浓度，达到灭火的目的。

3. 使用方法

（1）右手握着压把，左手托着灭火器底部，轻轻地取下灭火器。因为泡沫灭火器是通过筒内两种化合物质混合后释放出大量的泡沫用于灭火的，所以泡沫灭火器的取法也有一定的规定，必须防止在使用前筒内的两种物质混合，因此要注意泡沫灭火器的正确取法。

（2）右手提着灭火器筒上面的提手，迅速到火灾现场。

（3）距离着火物5米处，上风方向，整个人蹲下将灭火器放置地上，双腿一前一后蹲下，用右手握住喷嘴（喷嘴朝向着火处），左手抓筒底边缘。

（4）站起身，把灭火器颠倒过来呈垂直状态，用力上下晃动几下，喷嘴对着着火点，然后放开喷嘴。

（5）右手抓筒耳，左手抓筒底边缘，把喷嘴朝向燃烧区，泡沫即可从喷枪口喷出，使泡沫覆盖燃烧面进行灭火。站在离火源8米的地方喷射，并不断前进，兜围着火焰喷射，直至把火扑灭。

（6）灭火后把灭火器卧放在地上，喷嘴朝下（图6-5）。

图6-5　泡沫灭火器使用方法

4. 注意事项

（1）不能用来扑灭未停电的电源设备火灾。

（2）不能用来扑灭遇水燃烧的化学药品火灾，如钾、钠等火灾。

（3）平时泡沫灭火器只能立着放。

（4）不能倒置或倾斜，筒内溶液一般一年更换一次。

（四）"1211"灭火器

1. 适用范围

可用于油类、化工原料、易燃液体、精密设备、电器设备等燃烧物质的灭火，但不适合于活泼金属、金属氢化物及本身是氧化剂的燃烧物质的火灾。

2. 灭火原理

"1211"灭火剂装在灭火筒里是液态，喷出来遇到高温很快就成气态，它和干粉一样，能抑制燃烧的连锁反应，使火焰熄灭。

3. 使用方法

（1）提灭火器至着火物5米处，上风方向。

（2）拔出保险销。

（3）一只手握住提把，用力压下压把，通过压杆迫使密封阀开启，"1211"灭火剂就会喷出。

（4）另一只手握住胶管，将喷嘴对准火焰的根部。并向火焰边缘左右扫射，快速向前推进，如有零星火可以点射扑灭。

4. 注意事项

（1）要把"1211"灭火器放在通风、干燥和不易日照、火烧的地方，以免变质失效。

（2）每隔半年检查一次灭火器上的压力，压力表指针指示在红色区域内，应立即补充灭火剂和氮气。

（3）应垂直操作，不可将钢瓶平放或颠倒使用。

（4）当采用"1211"灭火器在狭小的密闭空间灭火时，在火被扑灭后，应立即撤离，以防中毒。

三、火灾应急处理

（一）发现火情

（1）切勿急躁，保持镇定。

（2）在可能的情况下，迅速利用附近适合火情的消防器材控制火势或将其扑灭，但切勿把自己置身于危险之中。

（3）电器设备发生火灾时，应立即切断电源。

（4）迅速拨打火警电话，报告上级、通知话务员着火地点和燃烧的物质。

① 拨打119，向接警中心讲清失火单位的名称、地址、什么东西着火、火势大小及着火范围。

② 还要注意听清对方提出的问题，以便正确回答。

③ 把自己的电话号码和姓名告诉对方，以便联系。

④ 打完电话后，立即到交叉路口等候消防车的到来，以便引导消防车迅速赶到火灾现场。

（5）如果火势已不能控制，则要立即离开火场。切不可使用电梯，一定要从消防楼梯上下。

（6）逃生时采用低势沿地板爬行，如必须通过火焰时，将所穿衣服或毛毯用水浸湿后裹住身体迅速冲出。如发现客房门下有烟冒出，应先用手触摸此门，如果很热，千万不能打开房门。

（7）必须了解各个出口、火警警钟、灭火器的位置。

（8）在安全距离以外等候消防人员到场，并为他们提供必要的事件发生情况信息。

（二）组织人员疏散逃生

民宿某处发生火灾时，民宿管理人员应立即组织客人和民宿工作人员疏散逃生，撤离火灾现场。

（1）迅速打开防火门、安全梯，并组织工作人员有步骤地按消防预案疏散客人。

（2）民宿工作人员应敲击和打开房门，帮助客人通过紧急出口离开房间，要特别注意帮助伤残、老、幼、孕住客。客人离开房间后要立即关好门。

（3）各层楼梯口、路口都要有人指挥把守，以便为客人引路和避免大量客人涌向一个出口，造成挤伤、踩踏事故。

（4）火灾发生后，要注意确认每一个房间内是否还留有客人。

（5）民宿管理人员应根据考勤记录在集合地点点名，保证每一个工作人员都到齐。

只要民宿管理者重视，每一位员工关心、爱护集体，自觉遵守安全操作规程，提高防火安全的自觉性，处处留心，火灾是可以得到预防的。

> **小知识**
>
> ### 农家乐（民宿）建筑防火导则（试行）
>
> #### 第一章 总则
>
> 第一条 为预防农家乐（民宿）建筑火灾，规范防火改造措施，加强消防安全管理水平，降低火灾风险，保护人身和财产安全，促进乡村旅游发展，制定本农家乐（民宿）建筑防火导则。
>
> 第二条 本导则中农家乐（民宿）是指位于镇（不包括城关镇）、乡、村庄的，利用村民自建住宅进行改造的，为消费者提供住宿、餐饮、休闲娱乐、小型零售等服务的场所。
>
> 第三条 本导则适用于经营用客房数量不超过14个标准间（或单间）、最高4层且建筑面积不超过800m² 的农家乐（民宿）。
>
> 超过上述规模或新建的农家乐（民宿），应符合《农村防火规范》GB50039、《旅馆建筑设计规范》JGJ 62、《建筑设计防火规范》GB 50016要求。
>
> 本导则不适用于土楼、地坑院、窑洞、毡房、蒙古包等传统建筑。
>
> 已经投入使用的农家乐（民宿）的消防安全技术措施不符合本导则要求的，应按本导则要求进行改造，完善消防安全技术措施。
>
> 第四条 防火改造措施应当遵循因地制宜、安全适用的原则。
>
> 第五条 本导则适用范围内的农家乐（民宿）不纳入建设工程消防监督管理和公众聚集场所开业前消防安全检查范围。
>
> 第六条 文物建筑改造为农家乐（民宿）时应符合文物部门的有关规定。
>
> #### 第二章 消防基础设施要求
>
> 第七条 设有农家乐（民宿）的村镇，其消防基础设施应与农村基础设施统一建设和管理。
>
> 第八条 设有农家乐（民宿）的村镇建设给水管网时，应配置消火栓。已有给水管网但未配置消火栓的地区，村镇改造时应统一配置室外消火栓。无给水管网的地区，村镇改造时应设置天然水源取水设施或消防水池，山区宜设置高位消防水池。消防水池的容量不宜小于144m³，当村镇内的农家乐（民宿）柱、梁、楼板为可燃材料时，消防水池的容量不宜小于200m³。

第九条　砖木结构、木结构的农家乐（民宿）连片分布的区域，应采取设置防火隔离带、设置防火分隔、开辟消防通道、提高建筑耐火等级、改造给水管网、增设消防水源等措施，改善消防安全条件、降低火灾风险。

第三章　消防安全技术措施

第十条　农家乐（民宿）建筑应满足下列基本消防安全条件：

1. 不得采用金属夹心板材作为建筑材料；

2. 休闲娱乐区、具有娱乐功能的餐饮区总建筑面积不应大于 $500m^2$；

3. 位于同一建筑内的不同农家乐（民宿）之间应采用不燃性实体墙进行分隔，并独立进行疏散；

4. 应设置独立式感烟火灾探测报警器或火灾自动报警系统；

5. 每 $25m^2$ 应至少配备一具 2kg 灭火器，灭火器可采用水基型灭火器或 ABC 干粉灭火器，灭火器设置在各层的公共部位及首层出口处；

6. 每间客房均应按照住宿人数每人配备手电筒、逃生用口罩或消防自救呼吸器等设施，并应在明显部位张贴疏散示意图；

7. 安全出口、楼梯间、疏散走道应设置保持视觉连续的灯光疏散指示标志，楼梯间、疏散走道应设置应急照明灯。

第十一条　封闭楼梯间、敞开楼梯间、室外楼梯的出入口或直通室外的出口可以作为安全出口；当主体结构为可燃材料时，木质楼梯应经阻燃处理，楼梯的宽度、坡度应满足人员疏散要求。

第十二条　墙、柱、梁、楼板和屋顶承重构件等均为不燃材料的农家乐（民宿），应符合下列消防安全要求：

1. 采用钢结构时应进行防火保护，柱的耐火极限应达到 2.0h，梁的耐火极限应达到 1.5h；

2. 每层安全出口不应少于 2 个，相邻两个安全出口最近边缘之间的水平距离应大于 5m。当房间门至楼梯入口的疏散距离小于 15m，且使用楼梯疏散的各层人数之和不超过 50 人时，除首层外可设置 1 个安全出口；

3. 楼梯间隔墙、室外楼梯贴邻的外墙、楼梯的建造材料应采用不燃材料。

第十三条　墙、柱、梁、楼板等均为不燃材料，屋顶承重构件为可燃材料的农家乐（民宿），应符合下列消防安全要求：

1. 经营用建筑层数不应超过 3 层；

2. 采用钢结构时应进行防火保护，柱的耐火极限应达到 2.0h，梁的耐火极限应达到 1.0h；

3. 每层安全出口不应少于 2 个，相邻两个安全出口最近边缘之间的水平距离应大于 5m。当房间门至楼梯入口的疏散距离小于 15m，且使用楼梯疏散的各层人数之和不超过 25 人时，除首层外可设置 1 个安全出口；

4. 楼梯间隔墙、室外楼梯贴邻的外墙、楼梯的建造材料应采用不燃材料。

第十四条　柱、梁、楼板等为可燃材料的农家乐（民宿），应符合下列消防安全要求：

1. 经营用建筑层数不应超过 3 层；当经营用建筑层数为 3 层时，每层最大建筑面积不应超过 200m²；当经营用建筑层数为 2 层时，每层最大建筑面积不应超过 300m²；

2. 每一层安全出口不应少于 2 个，相邻两个安全出口最近边缘之间的水平距离应大于 5m。当每层最大建筑面积不超过 200m²，房间门至楼梯入口的疏散距离小于 15m，且使用楼梯疏散的各层人数之和不超过 15 人时，除首层外可设置 1 个安全出口。

第十五条　客房、餐厅、休闲娱乐区、零售区、厨房等不应设置在地下室或半地下室。零售区、厨房宜设置在首层或其他设有直接对外出口的楼层。

第十六条　客房、餐厅、休闲娱乐场所、厨房等应设有开向户外的窗户，确有困难时，可开向开敞的内天井。窗户不应设置金属栅栏、防盗网、广告牌等遮挡物，确需设置防盗网时，防盗网和窗户应从内部易于开启。窗户净高度不宜小于 1.0m，净宽度不宜小于 0.8m，窗台下沿距室内地面高度不应大于 1.2m。

第十七条　厨房与建筑内的其他部位之间应采用防火分隔措施。厨房墙面应采用不燃材料，顶棚和屋面应采用不燃或难燃材料，灶台、烟囱应采用不燃材料。

砖木结构、木结构的农家乐（民宿）厨房防火措施达不到要求的，与炉灶相邻的墙面应作不燃化处理，灶台周围 2.0m 范围内应采用不燃地面，炉灶正上方 2.0m 范围内不应有可燃物。

第十八条 有条件的地区，可在二层以上客房、餐厅设置建筑火灾逃生避难器材。

第十九条 具备条件的砖木结构、木结构农家乐（民宿）建筑可适当进行阻燃处理，以提高主要建筑构件耐火能力。

第二十条 单栋建筑客房数量超过 8 间或同时用餐、休闲娱乐人数超过 40 人时，应设置简易自动喷水灭火系统；如给水管网压力不足但具备自来水管道时，应设置轻便消防水龙。

第二十一条 禁止采用可燃、易燃装修材料。楼梯间的顶棚、墙面和地面应采用不燃装修材料；疏散走道的顶棚应采用不燃装修材料，墙面和地面应采用不燃或难燃的装修材料；客房与公共活动用房的顶棚、地面应采用不燃或难燃的装修材料。建筑外墙不得采用可燃易燃保温材料和可燃易燃外墙装饰装修材料。

第二十二条 应当在可燃气体或液体储罐、可燃物堆放场地、停车场等场所，以及临近山林、草场的显著位置设置"禁止烟火""禁止吸烟""禁止放易燃物""禁止带火种""禁止燃放鞭炮""当心火灾——易燃物""当心爆炸——爆炸性物质"等警示标志。在消防设施设置场所、具有火灾危险性的区域，应在显著位置设置相应消防安全警示标志或防火公约。

第四章 日常消防安全管理

第二十三条 应确保疏散通道、安全出口、消防车通道畅通。不得损坏、挪用或擅自拆除、停用消防设施、器材，不得埋压、圈占、遮挡消火栓或占用防火间距。

第二十四条 每日昼夜应各进行一次消防安全巡检，确保消防安全。

第二十五条 不应在燃煤燃柴炉灶周围 2m 范围内堆放柴草等可燃物。严禁在卧室使用燃气灶具。严禁卧床吸烟。砖木结构、木结构的农家乐（民宿）建筑内严禁吸烟。

第二十六条 农家乐（民宿）的客房内不得使用明火加热、取暖。在其他场所使用明火加热、取暖，或使用明火照明、驱蚊时，应将火源放置在不燃材料的基座上，与周围可燃物确保安全距离。

第二十七条　燃放烟花爆竹、烧烤、篝火，或有其他动用明火行为时，应设置单独区域，并应远离易燃易爆危险品存放地和柴草、饲草、农作物等可燃物堆放地，以及车辆停放区域。

禁止在农家乐（民宿）建筑周边 30m 范围内销售、存储、燃放烟花爆竹，并严格遵守当地关于禁止燃放烟花爆竹的相关规定。

农家乐（民宿）临近山区、林场、农场、牧场、风景名胜区时，禁止燃放孔明灯。

第二十八条　室内敷设电气线路时应避开潮湿部位和炉灶、烟囱等高温部位，且不应直接敷设在可燃物上，导线的连接部分应牢固可靠。当必需敷设在可燃物上或在有可燃物的吊顶内时，应穿金属管、阻燃套管保护，或采用阻燃电缆。严禁私拉乱接电气线路，严禁擅自增设大功率用电设备，严禁在电气线路上搭、挂物品。

第二十九条　严禁使用铜丝、铁丝等代替保险丝，不得随意更换大额定电流保险丝。客房内严禁使用大功率用电设备；厨房内使用电加热设备后，应及时切断电源。停电后应拔掉电加热设备电源插头。用电取暖时，应选用具备超温自动关闭功能的设备。

第三十条　照明灯具表面的高温部位应与可燃物保持 0.5m 以上的距离；靠近可燃物布置时，应采取隔热、散热等措施。使用额定功率超过 100W 的灯具时，引入线应采用瓷管、矿棉等不燃材料作隔热保护；使用额定功率超过 60W 的灯具时，灯具及镇流器不应直接安装在可燃物上。

第三十一条　严禁贴邻安全出口、疏散楼梯、疏散通道及燃气管线停放电动汽车、电动自行车，或对电动汽车、电动自行车充电。电动汽车充电装置应具备充电完成后自动断电的功能，并具备短路漏电保护装置，充电装置附近应配备必要的消防设施。

第三十二条　严禁在地下室、客房、餐厅内存放和使用瓶装液化石油气。不宜在厨房内存储液化石油气；确需放置在厨房时，每个灶具配置不得超过 1 瓶，钢瓶与灶具之间的距离不应小于 0.5m。存放和使用液化石油气钢瓶的房间应保持良好通风。

第三十三条　严禁超量灌装、敲打、倒置、碰撞液化石油气钢瓶，严禁随意倾倒残液和私自灌气。

第三十四条　严禁在客房内安装燃气热水器。

第三十五条　严禁在客房、餐厅内存放汽油、煤油、柴油、酒精等易燃、可燃液体。

第五章　施工现场消防安全管理

第三十六条　施工时应指定施工现场防火安全责任人，落实消防安全管理责任。

第三十七条　施工现场防火安全责任人在进场前应对施工人员进行消防安全教育培训。

培训内容应包括消防安全管理制度、防火技术方案、灭火及应急疏散预案，施工现场消防设施使用、维护方法，扑救火灾及自救逃生的知识和技能，报警程序和方法等。

第三十八条　施工现场室外临时存放的材料应分类成垛堆放，垛与垛间距不应小于2m，并应采用不燃或难燃材料覆盖。应及时清理施工现场产生的可燃、易燃建筑垃圾或剩料。

在室内使用油漆等易挥发产生易燃气体时，应保持通风、严禁明火、采用防静电措施。

第三十九条　施工现场存在以下情形之一时，严禁动火作业：

1. 防火安全责任人不明确；

2. 周围的可燃易燃杂物未清除；

3. 附近固定可燃物未采取防护措施；

4. 盛装易燃液体的容器、管道，未清洗彻底；

5. 受热膨胀、变形或破损的容器、管道，有爆炸危险；

6. 储存易燃易爆物品的场所，未排除火灾爆炸危险；

7. 高空焊接或焊割前，附近及下方可燃物未清理或未采取保护措施；

8. 未配备相应灭火器材。

第四十条　施工现场动火作业时，应做到以下要求：

1. 明确防火安全责任人；

2. 动火人员应严格执行安全操作规程；

3. 发现有火灾危险，应立即停止动火；

4. 风力达到五级及以上时，应停止室外动火作业；

5. 发生火灾爆炸事故时，应及时扑救并疏散人员。

第四十一条　施工现场动火作业后，应彻底清理现场火种，确保完全熄灭，施工人员应留守现场至少 30min。

第四十二条　施工中，严禁使用绝缘老化或失去绝缘性能的电气线路，并应及时更换破损、烧焦的插座、插头。60W 以下的普通灯具距可燃物不应小于 0.3m，高热灯具距可燃物不应小于 0.5m。严禁私自改装现场供用电设施。

第四十三条　施工现场的防火安全责任人应定期组织防火检查，重点检查可燃物、易燃易爆危险品的管理措施是否落实、动用明火时的防火措施是否落实、用火用电用气是否存在违章操作、电气焊及保温防水施工是否执行操作规程、临时消防设施是否完好有效、临时消防车道及临时疏散设施是否畅通等内容。

施工现场应做好临时消防设施和疏散设施日常维护工作，及时维修和更换失效、损坏的消防设施。

第四十四条　在施工现场的重点防火部位或区域，应设置消防安全警示标志。施工现场严禁吸烟。

第六章　消防安全职责

第四十五条　乡镇人民政府、公安派出所、村民委员会、农民合作组、农家乐（民宿）行业协会应加强防火检查和消防安全网格化管理，制定防火公约，组织开展群众性的消防安全宣传教育。

第四十六条　农家乐（民宿）的业主（或负责人）是消防安全责任人，应履行下列消防安全职责：

1. 建立健全防火责任制和消防安全制度；
2. 配齐并维护保养消防设施、器材；
3. 组织开展防火检查，整改火灾隐患；
4. 每年对从业人员进行消防安全教育培训；
5. 制定灭火和疏散预案，每半年至少组织一次消防演练；
6. 及时报火警，组织引导人员疏散，组织扑救初期火灾。

第四十七条　农家乐（民宿）的从业人员应熟悉岗位消防职责和要求，做到"一懂三会"（一懂：懂本场所火灾危害性。三会：会报火警、会使用灭火器、会组织疏散逃生）。

第四十八条　村民委员会或经营管理农家乐（民宿）的行业协会应

> 建立志愿消防队。有条件的地区，应根据需要建立专职消防队。
> 　　志愿消防队应有固定场所，配备消防车、手抬机动泵、吸水管、水枪、水带、灭火器、破拆工具等消防装备，设置火警电话和值班人员，有志愿消防队员。志愿消防队应组织队员每月开展不少于 2 次消防技能训练、1 次消防业务学习。

 任务实训

火灾应急演练

一、演练目的

1. 能够使学生明确知道发生火灾时的应急处理流程和方法。

2. 掌握初起火灾的扑灭和消防设备的使用技能。

二、学生分组

按学生人数分组，每组 6 人。其中每组有灭火员 3 人，救护员 1 人，通信员 1 人，警戒员 1 人。

三、具体要求

1. 听从指挥，禁止串岗、乱动场内设施。

2. 不闲谈。

3. 准备工作：1 个油桶、4 台干粉灭火器、2 张消防毛毡。

四、火灾应急处理

情景模拟：室外操场发生火灾，形成明火燃烧的态势，若不及时控制，将会造成火势蔓延。

1. 通信人员发现火情后应立即大声呼唤并拨打 119 进行报警。

思考：火灾报警应牢记什么？

2. 灭火人员听到喊声应拿着消防器材迅速赶去着火现场对火灾进行扑灭。

思考：干粉灭火器的使用方法是怎样的？

3. 灭火人员赶去现场的同时救护人员也应一同赶去，保证灭火人员的生命安全；如果救火过程中发现有人员昏迷或者中毒，救护人员应迅速将伤员背出火灾现场，到达安全地点并对其实施抢救。

4. 警戒人员应负责外围警戒，防止火势的蔓延，并做好防护工作。

五、火灾应急处理评价表

评价内容	标准及要求	评价
通信人员	1. 向接警中心讲清失火单位的名称、地址、什么东西着火、火势大小及着火范围	完全做好☐ 基本做好☐ 做不好☐
	2. 听清对方提出的问题,以便正确回答	完全做好☐ 基本做好☐ 做不好☐
	3. 把自己的电话号码和姓名告诉对方,以便联系	完全做好☐ 基本做好☐ 做不好☐
	4. 打完电话后,立即到交叉路口等候消防车的到来,以便引导消防车迅速赶到火灾现场	完全做好☐ 基本做好☐ 做不好☐
灭火人员	1. 右手握着压把,左手托着灭火器底部,轻轻地取下灭火器	完全做好☐ 基本做好☐ 做不好☐
	2. 右手提着灭火器到火灾现场,距离着火物5米处,上风方向	完全做好☐ 基本做好☐ 做不好☐
	3. 除掉铅封	完全做好☐ 基本做好☐ 做不好☐
	4. 拔掉保险销	完全做好☐ 基本做好☐ 做不好☐
	5. 左手握着喷嘴,右手提着压把	完全做好☐ 基本做好☐ 做不好☐
	6. 在距离火焰2米的地方,右手用力压下压把,左手拿着喷管左右摆动,喷射干粉覆盖整个燃烧区。喷粉要由近而远,向前平推,左右横扫,不使火焰窜回	完全做好☐ 基本做好☐ 做不好☐
救护人员	迅速将伤员背出火灾现场,到达安全地点并对其实施抢救	完全做好☐ 基本做好☐ 做不好☐
警戒人员	负责外围警戒,防止火势的蔓延,并做好防御工作	完全做好☐ 基本做好☐ 做不好☐

复习与思考

1. 常见灭火器的使用方法是什么?
2. 火灾应急处理的方法是什么?

任务二 食品安全管理

经营一家民宿,不但要给旅客提供舒适的环境和优质的服务,更要保障旅客的安全。不仅要让旅客住得安心,也要让旅客吃得放心。

食品卫生与安全是衡量餐饮服务质量的重要指标,也是体现民宿社会道德意识的重要内容。民宿面向公众营业,负有一定的社会责任,因此食品卫生与安全是否符合标准直接影响民宿的信誉和经济效益。

民宿食品安全管理主要从以下几个方面进行。

一、民宿餐饮从业人员健康管理

（1）食品生产人员每年必须进行健康检查，不得超期使用健康证明。

（2）新参加工作的从业人员、实习工、实习学生必须取得健康证明后上岗，杜绝先上岗后体检，同时进行相关培训。

（3）食品卫生管理人员负责组织本民宿从业人员的健康检查工作，建立从业人员卫生档案，督促"五病"人员调离岗位，并对从业人健康状况进行日常监督管理。

（4）凡患有痢疾、伤寒、病毒性肝炎等消化道传染病以及其他有碍食品卫生疾病的，不得参加接触直接入口食品的生产经营。

（5）当观察到以下症状时，应规定暂停接触直接入口食品的工作或采取特殊的防护措施：腹泻，手外伤，烫伤，皮肤湿疹，长疖子，咽喉疼痛，耳、眼、鼻溢液，发热，呕吐。

（6）食品从业人员应坚持做到"四勤"。即勤洗手、剪指甲，勤洗澡、理发，勤洗衣服、被褥，勤换工作服。禁止长发、长胡须、长指甲、戴手饰、涂指甲油、不穿洁净工作衣帽上岗和上岗期间抽烟、吃零食以及做与食品生产、加工、经营无关的事情。

（7）对食品从业人员实行德、能、勤、纪综合考核，具优者给予表扬或奖励；对综合考核成绩欠佳者进行批评教育使其改正；对不改者劝其离岗或按规定依法解除劳动合同。

（8）应建立从业人员健康档案。定期对从业人员进行食品安全和健康管理培训，并做好培训记录。

二、民宿餐饮从业人员培训管理

（1）食品生产、经营、餐饮人员必须在接受食品安全法律法规和食品安全知识培训并经考核合格后，方可从事餐饮服务工作。

（2）认真制订培训计划，在相关监督管理部门的指导下，定期对管理人员、从业人员进行食品安全知识、职业道德和法制教育的培训以及食品加工操作技能培训。

（3）餐饮服务人员的培训包括负责人、食品安全管理人员和食品从业人员。初次培训时间分别不少于 20、50、15 课时。

（4）新参加工作人员（包括实习工、实习生）必须经过培训、考试合格后方可上岗。

（5）培训方式以集中讲授与自学相结合，定期考核，不合格者离岗学习一周，待考试合格后再上岗。

（6）建立从业人员食品安全知识培训档案，将培训时间、培训内容、考核结果记录归档，以备查验。

三、民宿餐饮食品原料安全管理

（一）餐饮原料的采购管理

1. 民宿餐饮原料采购管理制度

（1）制订食品采购计划。确定采购食品的品种、品牌、数量等相关计划安排。

（2）选择供货商。要认真查验供货商的主体资格证明，保证食品来源的合法性。

（3）签订供货合同。与供货商签订供货合同，明确双方的权利义务，特别是出现食品质量问题时的双方的责任和义务。

（4）索取食品的相关资料。向供货商索取食品的相关许可证、QS认证证书、商标证明、进货发票等证明材料，采用扫描、拍照、数据交换、电子表格等科技手段建立供货商档案备查。

（5）对食品进行查验。具备条件时设立食品检测室，对供货商提供的食品进行检测并做好详细记录。经查验不合格的食品，通知供货商做退货处理。

（6）每一批次的进货情况详细记录进货台账，账目保管期限为二年。

2. 餐饮原料采购数量管理

为保证民宿所采购的餐饮原材料新鲜，必须对餐饮原料的性质有充分的了解。餐饮原料可分为易腐原料、半易腐原料和不易腐原料。易腐原料是指在短时间内容易腐烂变质，必须当日购进，最好当时使用的原料，如新鲜蔬菜、水果、水产品、奶制品等；半易腐原料，是指较短时间内，经妥善保管不会变质的原料，如宰杀后的动物性原料等；不易腐原料，是指可以在长时间内，经妥善保管不会变质的原料，如干货原料、调味品和罐头食品等。

（1）易腐原料数量的控制。易腐原料通常是直接进入到生产厨房，它的采购数量必须由厨房根据常规使用量、各餐饮活动预订情况和每日存料的实际情况来确定。易腐原料购买数量的多少必须经厨师长签字后确定，以保证原料购买数量的准确性。

（2）半易腐原料数量的控制。半易腐原料通常也是直接进入到生产厨房，它采购数量的确定跟易腐原料数量确定的要求一样，需由厨房根据冻库库存数量与餐饮活动使用量的实际情况来确定。冻库管理人员需充分了解半易腐原料库存数量与餐饮活动预订情况，根据存货原料的多少随时做好申购计划。半易腐原料数量的申购也需经厨师长签字同意后方可进行。

（3）不易腐原料数量的控制。不易腐原料存放在原料库房，库房管理人员应根据企业生产经营的情况制定不易腐原料的最佳订货量来确定采购数量，不易腐原料购买数量的多少以及何时进行申购应由库管人员掌握，经厨师长签字后方可采购。

餐饮原料采购数量的控制必须从民宿菜点销售量、市场原料供应情况、民宿原料库存量、采购运输和使用量的变化等综合因素上进行考虑，才能做到合理定量，避免浪费。

（二）餐饮原料运输管理

（1）运输食品时运输工具和容器要清洁卫生，并生熟分开，运输中要防蝇、防尘、防食品污染。

（2）在装卸所采购的食品时要讲究卫生，不得将食品直接与地面接触。

（3）直接入口的散装食品，应当采用密闭容器装运。不得把直接入口的食品堆放在地面或与需要加工的食品原料和加工半成品混放在一起，防止直接入口的食品受到污染。

（三）餐饮原料的验收管理

为了保证菜品质量，需要对所采购的食品原料进行验收。验收工作应与采购工作分开，不能由同一个人担任；货物一经验收，应立即入库或进入厨房，不可以在验收处停留太久，以防失窃或引起质量变化；如果发现进货的餐饮原料有质量问题，应退货。

（四）餐饮原料的库存管理

餐饮原料的库存管理是食品原材料安全控制的重要环节，因为它直接关系到产品质量、生产成本和经营效益。良好的库存管理，能有效地控制原料成本。如果控制不当，就会造成原材料变质、腐败、账目混乱、库存积压，甚至还会导致贪污、盗窃等事故。

1. 餐饮原料库存管理的基本要求

（1）建立、实施科学库存管理制度和方法，确保原料储藏安全。餐饮原料库存管理需建立科学的管理制度和管理方法并严格执行，要做到账（保管日记账）、卡（存货卡）、货（现有库存数量）相符。严格按原料性质和特殊要求科学储存、定位储存。食品仓库的账要以每个品种为单位，分批设立账户，设立明细而完整的账单。一物必有一卡，存货卡要与账单相符，与实际存货相符，各类标识完善。同时，还需定期或不定期地进行盘点，确保原料不出现误差和食品安全隐患。

（2）分类储存，确保质量

① 原料入库储存时应对原料品质、外包装等进行全面检查，确定是否适合直接储存保管。如果有不合适的，必须进行必要的加工或重新包装。如有些干货原料，为了防止受潮发霉，要用真空机予以真空包装。有些原料外包装已破损就必须重新进行包装，防止泄漏。

② 有特殊气味的原料应与其他原料隔开存放，防止串味，并防止阳光直射。

③ 易受潮的餐饮原料应隔地隔墙进行储存保管。

④ 注意各种餐饮原料所需的存放温度和储存期。

⑤ 密切注意食品的失效期，应遵循先进先出的储藏原则。

⑥ 一旦发现餐饮原料有霉变、虫蛀、有异味时，应立即予以处理，以免影响其他物品。

⑦ 食品添加剂类原料应单独储藏，标识清楚。

⑧ 要遵守《中华人民共和国食品安全法》的有关条例，保证餐饮原料的清洁和安全。

（3）控制库存原料的数量和时间。餐饮原料储存管理时，库管人员必须对各类原料的耗用量，原料采购所需时间，原料物理、化学属性，以及原料是否适宜久存和多存，企业流动资金的运转等有充分了解。做到原料的合理存量必须与合理的储存时间相配合。原料储存时间还应考虑生产周期、采购周期和原料储存的有效期，加速库存周转，尽量缩短原料的储存时间等。

2. 餐饮原料的储藏方法

（1）粮食原料的储藏

① 大米的储藏。要抑制大米的不良变化，首先要注意，精白米不宜长期储藏。因为精白米无生命状态，而毛稻、糙米有生命状态，储藏期可以较长。

其次，储藏条件最重要的是低温和低湿。低温是抑制微生物繁殖、虫害、大米变质的重要措施，在15℃以下一般微生物活动能得到抑制；10℃左右大米中的害虫几乎停止繁殖；而20℃以上，微生物、害虫就会较快繁殖。气候较暖的地方常温储藏6个月后，大米理化指标将会发生较大的变化；10个月后口味明显变差。如何安全度夏是大米储藏中最重要的课题。除了控制温度和湿度外，大米堆放时还要架高，并有铺垫物，适时通风，这样既能降温，又可散湿防潮。另外，进货时不能一次进得太多，以免一时用不完造成大米吸湿霉变。

② 小麦（面）粉的储藏。小麦粉是直接食用的成品粮，保存时要求仓房必须清洁、干燥、无虫；包装器材应洁净无毒；切忌与有异味的物品堆在一起，以免吸附异味。面粉储藏在相对湿度为55%～65%、温度为8～24℃的条件下较为适宜。小麦粉储藏时多以袋装堆放，袋装堆放有实堆、通风堆等。干燥低温的小麦粉，宜用实堆、大堆，以减少接触空气的面积；新加工的热机粉宜用小堆、通风堆，以便散湿散热。不论哪种堆型，袋口都要向内，堆面要平整，堆底要有铺垫，防止吸湿生霉。大量储藏小麦粉时，新陈小麦粉应分开堆放，便于"推陈储新"，并经常翻动，以防结块成团。

（2）蔬菜原料的储藏

① 防止水分过度蒸发，以免发生萎蔫。采用预冷处理，尽量减少入库蔬菜。

② 防止表面"结露"，减缓腐烂。蔬菜保存场所应有良好的隔热条件；储藏期间，维持稳定的低温；保持堆内通风良好，通风时，内外温差应小；蔬菜堆不应过厚、过大。

③ 防止表皮损伤，以免缩短保质期。对蔬菜进行包装运输，可用塑料薄膜纸或袋、纸箱等，但应保证通风透气。质地脆嫩的蔬菜容易被挤伤，不宜选择容量过大的容器，如番茄、黄瓜等应采用比较坚固的箩筐或精包装进行包装，且容量不超过30千克。比较耐压的蔬菜，如马铃薯、萝卜等都可以用麻袋、草袋包装，容量为20～50千克。

④ 最好不要混装，以免互相干扰。因为蔬菜所产生的挥发性物质会互相干扰，尤其是某些蔬菜会产生乙烯，微量的乙烯可能使其他蔬菜早熟，例如，辣椒因乙烯会过早变色。保存时不要与水产、咸肉等堆放在一起，以免异味感染，更不应与垃圾、脏物放在一起。餐饮业应用的蔬菜品种很多，数量通常不大，保存时间不长，当天使用的蔬菜一般只要放在阴凉通风的地方就可以了。发现腐烂的蔬菜应立即处理，以免病菌扩散造成污染。

（3）果品原料的储藏。水果收获后，仍是活的有机体，会继续进行生命活动，如呼吸作用、蒸腾作用和新陈代谢，并逐渐衰老。在采收的过程中，若作业不当，又无适当的包装运输和储藏条件，极易使果品质量受到影响，如破损、萎蔫，致使产品质量败坏或遭受病菌的侵染而造成大量的腐烂。例如，亚热带水果中久负盛名的荔枝，在一般条件下，极难维持其鲜度。据统计，每年我国水果的损失占总产量的15%。因而如何采用优良的技术手段，减少水果产后损失，并在一定的时期内保持果品的新鲜度、品质、营养成分和风味是一个重要问题。

（4）畜类原料的储藏。畜肉是易腐败食品，处理不当就会变质。为延长肉的保质期，不仅要改善原料肉的卫生状况，而且要采取控制措施阻止微生物生长繁殖。原料肉的储藏保鲜方法正确与否直接影响肉品质量。

① 冷却保鲜——短期储藏。冷却保鲜的肉即"冷却肉"，是在一定温度范围内使屠宰后的肉的温度迅速下降，使微生物在肉表面的生长繁殖减弱到最低程度，并在肉的表面形成一层皮膜。冷却保鲜可以减弱酶的活性，延缓肉的成熟时间；减少肉内水分蒸发和汁液流失，延长肉的保存时间。经过冷却的肉类一般应存放在 $-1 \sim 1℃$ 的冷藏间（或排酸库），一方面可以促使肉成熟（或排酸），使肉有芳香滋味、多汁柔软、容易咀嚼、消化性好，另一方面可以达到短期储藏的目的。运输、零售时温度应保持在 $0 \sim 4℃$。

② 冷冻保鲜——长期储藏。当肉在 $0℃$ 以下冷冻时，随着冷冻温度的降低，肌肉中冻结水的含量逐渐增加，细菌的活动受到抑制。当温度降到 $-10℃$ 以下时，冻结肉则相当于中等水分食品，大多数细菌在此条件下不能生长繁殖。当温度下降到 $-30℃$ 时，霉菌和酵母的活动也受到抑制。所以冷冻能有效地延长肉的保质期，防止肉品质量下降，在餐饮业、食品工业、家庭中得到广泛应用。冻藏间的温度一般应保持在 $-21 \sim -18℃$，冻结肉的中心温度应保持在 $-15℃$ 以下。为减少干耗，冻藏间空气相对湿度应保持在 $95\% \sim 98\%$，堆放时也要保持周围空气流通。为了延长冻结肉的保质期，并尽可能地保持肉的质量和风味，世界各国的冻藏温度普遍趋于低温化，从原来的 $-21 \sim -18℃$ 降为 $-30 \sim -28℃$。但是，冻结肉在冷冻期间也会发生一系列的变化，如质量损失、冰结晶增多、脂肪氧化、色泽变化等，关键是要控制好冻肉的储藏标准。

（5）禽类原料的储藏

① 禽肉的储藏。储藏禽肉最常用的方法是低温储藏法。因为低温能抑制

酶的活性和微生物的生长繁殖，可以较长时间保持禽肉的组织结构状态。在储藏前应去尽光禽的内脏，如果是冻禽，应立即冷藏。

光禽和禽肉如能在一星期内用完，可在冷却状态下保存。如鸡肉，在温度为 0℃、相对湿度为 85%～90% 的条件下，可储藏 7～11 天。宰杀后成批的光禽或禽肉，如果需要储藏较长时间，则必须进行冷冻储藏。即先在温度为 -30～-20℃、相对湿度为 85%～90% 的条件下冷冻 24～48 小时，然后在温度为 -20～-15℃、相对湿度为 90% 的环境下冷藏保存。一些资料表明：在 -4℃时禽肉可保存 1 个月左右，在 -12℃时可保存 4 个月左右，在 -18℃时可保存 8～10 个月，在 -23℃时可保存 12～15 个月。因此，不应一次进货太多，以避免长时间储藏。

② 禽蛋的储藏。引起蛋类腐败变质的因素有温度、湿度和蛋壳上气孔以及蛋内的酶。所以储藏蛋品时，必须设法闭塞蛋壳上的气孔，防止微生物侵入，并保持适宜的温度、湿度，以抵制蛋内酶的作用。鲜蛋的保藏方法很多，餐饮业主要用到的是冷藏法。冷藏法是利用冷藏环境中的低温抑制微生物的生长繁殖和蛋内酶的作用，延缓蛋内的生化变化，以保持鲜蛋的营养价值和鲜度。由于蛋纵轴耐压力的能力较横轴强，鲜蛋冷藏时应纵向排列且最好大头向上。此外，蛋能吸收异味，应尽可能不与鱼类等有异味的原料同室冷藏。

鲜蛋在冷藏期间，较低的室内温度可以延缓蛋的变化。但温度过低也会造成蛋的内容物冻结，甚至膨胀而使蛋壳破裂。根据实际情况，温度一般控制在 0℃左右合适，最低不得低于 -2℃，相对湿度应为 82%～87%。在冷藏期间，要特别注意控制和调节温度、湿度，温度忽高忽低，会增加细菌的繁殖速度或使盛器受潮而影响蛋的品质。

冷藏法虽然比其他储藏方法好，但时间不宜过长，否则同样会使蛋变质。一般在春冬季，蛋可储藏 4 个月；在夏秋季，蛋最多不超过 4 个月就要出库。

（6）鱼类原料的储藏

① 活养与运输。鱼类活养是餐饮业常用的方法。活的淡水鱼适合用清水活养；部分海产鱼可采用海水活养，但因受地域限制运用较少。活养可使鱼类保持鲜活状态，又能减少其体内污染物，减轻腥味。市场采购的少量新鲜活鱼，可采用密封充氧运输，即以聚乙烯薄膜袋或硬质塑料桶做盛鱼容器，将水和鱼装入袋后充氧密封，用纸板盒包装。运输用水必须清新，运输中要防止袋

破漏气，因此可使用双层袋，还要避免太阳暴晒和高温。

②低温保鲜。对已经死亡的各种鱼类，以低温保鲜为宜。低温的环境可延缓或抑制酶的作用和细菌繁殖，防止鱼腐败变质，保持其新鲜和品质。鱼类低温保鲜的方法主要有冰藏、冷海水保鲜、冷藏和冷冻等。餐饮业常用的是冷藏和冷冻。

（7）调味料的储藏。为了使菜肴符合要求，必须加强对调味品的储藏，使之保持纯正品质，便于烹调。如果盛装容器不当、储藏方法不妥，可能会导致调味品变质或串味，严重影响烹调效果，以致菜肴质量低下，风味全无。

首先，调味品的品种很多，有液体、有固体，还有易于挥发的芳香物质，因此选用器皿时必须注意。有腐蚀性的调料，应该选择玻璃、陶瓷等耐腐蚀的容器；含挥发性的调料，如花椒、大料等应该密封保存；易发生化学反应的调料，如调料油等油脂性调料，在阳光作用下会加速脂肪的氧化，因此存放时应避光、密封；易潮解的调料，如盐、糖、味精等应选择密闭容器保存。碘盐中的碘元素的化学性质极为活泼，遇高温、潮湿和酸性物质易挥发，所以在保存、使用碘盐上应该注意这个问题。

其次，环境温度要适宜。如葱、姜、蒜等，温度高时易生芽，温度太低时易冻伤。温度过高，糖易溶化，醋易浑浊。湿度太大，会加速微生物的繁殖，酱、酱油易生霉，也会加速糖、盐等调味品的潮解；湿度过低，葱、姜等调味品会大量失水，易枯变质。姜接触日光过多易生芽，香料接触空气过多易散失香味等。

最后，应掌握先进先用的原则。调味品一般均不宜久存，所以在使用时应先进先用，以避免因存放过久而变质。虽然少数调味品，如料酒等越陈越香，但开启后也不宜久存。酱油若存放得较久，可在酱油中放几瓣切开的大蒜，就能防止霉菌繁殖，又不失酱油的鲜美味道。如香糟、葱花、姜末等要根据用量进行加工，避免一次加工太多造成原料变质浪费。

四、民宿食品安全管理要点

（1）民宿业态不是传统意义上的农家乐，因此对于用餐食材的选取更加注重卫生、新鲜、安全。食品原材料应保证安全、新鲜，采购食品原料遵守进货验收制度和索证索票制度，采用自家种植蔬菜为佳。

（2）加工、存放食品应当做到生熟分开，肉类煮熟煮透。

（3）农药、鼠药等有毒、有害物品应当远离厨房妥善保管。

（4）不采购、使用腐败变质、过期食品或霉变、生虫的食品，病死、毒死或死因不明的禽畜类、水产动物等及其制品，以及食品和安全法规规定禁止生产经营的食品。

（5）不采摘有毒山野菜、蘑菇等食物，不得加工顾客采自山间的野菜等植物。

（6）腌制食品必须做到在使用前进行温水清洗。

（7）饮用水水质应符合饮用水水质标准。

五、食物中毒应急处理

（1）若发现有客人出现呕吐、腹泻等食物中毒症状时，要立即组织自行救治，并了解中毒者国籍、人数、症状程度等基本情况，然后向店长报告，并看护中毒者，不要将病人单独留下，不挪动任何物品，保护好现场。

（2）协助客人使用筷子或手指刺激咽部帮助催吐排出毒物。

（3）店长接到报告后，要问清时间、地点、中毒人数、中毒程度、症状并记录，简明扼要向民宿负责人报告，同时向急救中心求援。

（4）店长及时安排人员将就餐区域保护起来，同时通知传菜间停止菜品传送，并保留已上桌菜品单据。

（5）厨房接到餐厅通知后，应迅速提供菜品原材料及配料明细，同时停止对边角料的处理。

（6）总务员工应立即停止处理并保护现场未理垃圾，同时对后院垃圾房进行监控。

（7）根据具体情况决定是否将中毒者送往医院抢救，或等待急救中心专业人员处理。

（8）民宿医务室接到餐厅报告后，应根据病人情况准备药具，并迅速展开救助。

（9）对中毒者的钱物进行清点，经公安部门确认后交与公安部门或由民宿暂存。

（10）做好其他客人的解释、安抚工作，稳定客人情绪，必要时，通知中毒者同行人员或家属到场。

（11）做好相关善后工作，尽快恢复现场秩序。

任务实训

食物中毒应急处理演练

一、演练目的

能够使学生掌握客人食物中毒时的应急处理方法。

二、学生分组

按学生人数分组，每组 6 人。其中每组有客人 1 名，餐厅服务员 1 人，民宿店长 1 人，厨房工作人员 1 人，民宿医务人员 1 人，总务员工 1 人。

三、具体要求

1. 听从指挥，禁止串岗、乱动场内设施。

2. 不闲谈。

3. 准备工作：食物、餐桌、餐椅。

四、食物中毒应急处理

情景模拟：客人用餐过程中出现呕吐、腹泻等食物中毒症状。

思考：出现这种情况时，民宿内的工作人员该做什么？

五、食物中毒应急处理评价表

评价内容	标准及要求	评价
餐厅服务员	1. 立即组织自行救治，协助客人使用筷子或手指刺激咽部帮助催吐排出毒物	完全做好□ 基本做好□ 做不好□
	2. 了解中毒者国籍、人数、症状程度等基本情况，向店长报告	完全做好□ 基本做好□ 做不好□
	3. 看护中毒者，不要将病人单独留下，不挪动任何物品，保护好现场	完全做好□ 基本做好□ 做不好□
	4. 对中毒者的钱物进行清点，经公安部门确认后交与公安部门或由民宿暂存	完全做好□ 基本做好□ 做不好□
	5. 做好其他客人的解释、安抚工作，稳定客人情绪	完全做好□ 基本做好□ 做不好□
民宿店长	1. 记录时间、地点、中毒人数、中毒程度、症状	完全做好□ 基本做好□ 做不好□
	2. 简明扼要向民宿负责人报告，同时向急救中心求援	完全做好□ 基本做好□ 做不好□
	3. 及时安排人员将就餐区域保护起来	完全做好□ 基本做好□ 做不好□
	4. 同时通知传菜间停止菜品传送，并保留已上桌菜品单据	完全做好□ 基本做好□ 做不好□
	5. 根据具体情况决定是否将中毒者送往医院抢救，或等待急救中心专业人员处理	完全做好□ 基本做好□ 做不好□

续表

评价内容	标准及要求	评价
民宿店长	6. 做好其他客人的解释、安抚工作，稳定客人情绪，必要时，通知中毒者同行人员或家属到场	完全做好□ 基本做好□ 做不好□
	7. 做好相关善后工作，尽快恢复现场秩序	完全做好□ 基本做好□ 做不好□
厨房工作人员	1. 迅速提供菜品原材料及配料明细	完全做好□ 基本做好□ 做不好□
	2. 同时停止对边角料的处理	完全做好□ 基本做好□ 做不好□
民宿医务人员	根据病人情况准备药具，并迅速展开救助	完全做好□ 基本做好□ 做不好□
总务员工	立即停止处理并保护现场未理垃圾，同时对后院垃圾房进行监控	完全做好□ 基本做好□ 做不好□

复习与思考

1. 食品安全管理的方法是什么？
2. 食物中毒的应急处理方法是什么？

任务三　煤气安全管理

民宿管理人员为消防安全责任人，负责煤气设备设施的日常安全管理工作。煤气安全管理主要是做好民宿厨房燃气安全管理工作。

一、煤气安全管理预防措施

（1）规范厨房安全管理，确保天然气（煤气）使用及燃气设备运行安全，防止发生爆炸和火灾事故，应制定厨房燃气安全管理制度。

（2）建立防火安全责任制，将责任落实到人，由专人具体负责燃气设备日常安全检查。

（3）厨房管理人员、操作人员必须经过专门培训，学习天然气性质、火灾危险性、防火措施及操作方法，掌握防火、灭火知识，并经培训合格后上岗。

（4）每次操作前应检查灶具的完好情况。检查灶具是否漏气，如发现漏气不进行使用。检查方法为用肥皂水刷在管道接口处，如果有气泡冒出，证明该处漏气，需进行修理。

（5）燃气灶具在使用中，操作人员不得离开工作现场，以防外溢物或风吹造成熄火漏气。

（6）在天然气设施周围及使用场所严禁存放易燃易爆以及可燃杂物等；严禁作为休息间、工作间、仓库使用；严禁吸烟和其他明火作业；禁止安装临时用电设备；禁止将电线缠绕在天然气管道上；禁止在管道上悬挂任何物品。

（7）灶具每次用气完毕后，要立即将供气开关关闭，每餐结束后，值班员要认真检查各供气开关是否关闭好，一天工作结束后要先关闭厨房燃气总开关。

（8）燃气设施的安装必须由专业部门操作，严禁私自拆卸安装。

二、煤气泄漏应急处理

若发现室内燃气设施或燃气器具等泄漏燃气，请按以下步骤进行操作：

（1）在煤气泄漏或煤气起火事件中，如果泄漏严重，无论是在什么地方，勿去碰触任何开关，勿去碰触任何电气设备。

（2）迅速关闭煤气总开关或阀门（对煤气总阀的位置和关闭方法应了解掌握）。

（3）迅速打开门窗，流通空气，防止煤气中毒。

（4）严禁开、关任何电器或使用电话。

（5）在室外安全地点，拨打燃气公司24小时报修电话并报警。

（6）迅速疏散附近人员，防止发生爆炸事故。

（7）常闭式防火门不得处于常开状态，必须保证完好有效；设有通风排烟设施的建筑要保证排风系统能正常开启，以防发生火灾时烟气进入。

（8）使用灭火器灭火。燃气火灾可用干粉或二氧化碳灭火器扑灭。

 任务实训

煤气泄漏应急演练

一、演练目的

1. 能够使学生明确知道发生煤气泄漏时的应急处理方法。
2. 检验学生对煤气危害特性的防护措施和逃生自救能力。

二、演练内容

1. 现场自救和疏散。
2. 防火、防中毒的现场处置方法。

三、煤气泄漏应急处理

情景模拟：厨房内发生了煤气泄漏事故。

思考：如果你在厨房里，面临这种情况该怎么办？

四、煤气泄漏应急处理评价表

评价内容	标准及要求	评价		
安全防护意识	1. 严禁碰触任何开关，如开灯	完全做好□	基本做好□	做不好□
	2. 严禁开、关任何电器设备，如打开抽油烟机和排风扇等	完全做好□	基本做好□	做不好□
	3. 严禁在室内拨打电话	完全做好□	基本做好□	做不好□
	4. 关闭煤气总开关或阀门	完全做好□	基本做好□	做不好□
	5. 迅速打开门窗，流通空气，防止煤气中毒	完全做好□	基本做好□	做不好□
灭火器的使用能力	用干粉或二氧化碳灭火器扑灭初起火灾	完全做好□	基本做好□	做不好□
自救逃生能力	用湿毛巾捂住鼻口，跑到空气新鲜的地方	完全做好□	基本做好□	做不好□
疏散能力	迅速疏散附近人员，防止发生爆炸事故	完全做好□	基本做好□	做不好□
报警	在室外安全地点，拨打燃气公司24小时报修电话并报警	完全做好□	基本做好□	做不好□

□ 复习与思考

1. 煤气泄漏应急处理方法是什么？
2. 简述煤气安全管理预防措施。

任务四　急救知识

急救即紧急救治的意思，是指当有任何意外或急病发生时，施救者在医护人员到达前，按医学护理的原则，利用现场适用物资临时及适当地为伤病者进行的初步救援及护理，然后迅速送至医院。

作为民宿从业人员，需掌握一些基础的急救知识和技能，以便客人遇到危险时能及时救助。

一、突发疾病类

（一）晕厥

晕厥俗称昏厥，是指患者突然发生严重的、一过性的脑供血障碍，从而导致的短暂意识丧失，发作时除意识完全丧失外，患者不能维持正常姿势而就地摔倒。

晕厥这种急症的特点：突然发生迅速的、短暂的、自限性的、并且能够完全恢复的意识丧失，即所谓"来得快，去得快"。意识丧失的持续时间多在30秒以内。

应急急救方法：

（1）立即将伤病员以仰卧位置于平地上，头略放低，松开过紧的衣领和腰带等。

（2）开窗通风，保持室内空气清新。

（3）观察患者的神志及生命体征，检查有无摔伤。

（4）上述处理未见好转，应拨打急救电话，或将患者送至就近的医院进一步诊治。

（二）脑卒中

脑卒中又称为中风，是由于脑局部血液循环障碍所导致的神经功能缺损综合征，是引起中老年死亡的主要原因之一。脑卒中可分为出血性卒中（脑出血、蛛网膜下腔出血）和缺血性卒中（脑栓塞、脑血栓形成）两大类。

脑卒中这种急症的特点：肢体麻木、运动和语言障碍、意识障碍、头痛、呕吐。

应急急救方法：

（1）将患者安置在一个舒适的位置，防止误吸或气道阻塞。

（2）及时拨打"120"或送医院。

（3）保持通风，如有条件可予吸氧。

（4）观察生命体征，如出现呼吸、心搏停止，应立即进行心肺复苏。

（5）暂时禁止患者进食、进水。

（三）糖尿病

糖尿病急症主要有糖尿病酮症酸中毒、高血糖高渗状态低血糖症等。本节重点介绍低血糖症。

糖尿病这种急症的特点：出汗、颤抖、心悸、焦虑、紧张、饥饿感、软弱无力、面色苍白、四肢发冷、脉搏快而饱满等。

应急急救方法：

（1）安静，平卧位，注意观察生命体征，保持气道通畅。

（2）有条件时可测试血糖水平。

（3）意识清醒者鼓励他们进食甜食或糖水。

（4）严重者拨打急救电话，迅速护送至医院。

（四）支气管哮喘

该类急症的特点：多数患者有支气管哮喘发作史。常见症状有咳嗽、喘息、呼吸困难、胸闷、发绀，严重时被迫采取坐位或端坐呼吸。

应急急救方法：

（1）将呼吸困难的患者移至舒适的位置，置于空气流通的环境，松开衣物，保持气道通畅。如有条件应立即给予吸氧。

（2）经过培训的救护员可帮助呼吸困难的患者使用自备的支气管扩张药。

（3）立即呼叫"120"，送就近医院进一步诊治。

（五）癫痫

癫痫俗称"羊角风"。该类急症的特点：反应迟钝，流口水，两眼上翻，肢体僵硬，突发、不可控制、节律性肌肉收缩（抽搐），大小便失禁，呼吸不规则。

应急急救方法：

（1）立即扶住患者，平放地上，以免摔伤。

（2）保持呼吸道通畅，如有条件则予以吸氧。

（3）移除可能造成伤害的物体，松开衣物并通风。将毛巾或衣物垫在患者头下方，以保护患者头部，不要限制呼吸道。

（4）拨打急救电话，送就近医院诊治。

（六）心脏病

心脏病心肌梗死是中年人猝死的主要原因。心肌梗死是由于供应心肌血液的冠状动脉突然闭塞，导致心肌的血液供应中断，心肌坏死，出现严重的心律失常，引起心脏的功能突然丧失，出现猝死。

应急急救方法：

（1）当发现有人突然意识丧失而倒地时，应立即将其平卧，进行现场救护，拍击其面颊并呼叫，同时用手触摸其颈动脉部位以确定有无搏动，若无反应且没有动脉搏动，就应立刻进行心肺复苏。首先令其头部后仰以畅通气道，继之进行有效的胸外按压，同时进行口对口人工呼吸。

（2）应立即对病人的心前区进行拳击，拳击的部位是病人左胸前乳头部位。

拳击的次数一般为 2～3 次，拳击要有力，而后立即进行心脏按摩。按摩时用力要均匀，以一手掌平放病人胸骨下段胸壁上，另一手掌压在该手背上，上下起伏垂直按压。

（3）在对患者进行急救时，人工呼吸应和心脏按摩同时进行。先解开患者领口和裤带，使其平卧，抽出枕头垫在肩下，用一手将患者颈部托直，使头后仰，打通气道，然后一手捏紧患者双侧鼻孔，急救者口唇与患者口唇密合后进行吹气。

（七）小儿抽风

小儿抽风的原因很复杂，一种是由于高热刺激引起的高热惊厥，多见于 3 岁以下的婴幼儿；另一种是由于中枢神经系统有感染，例如大脑炎、脑膜炎等；也有可能是其他原因，如中毒、肿瘤等。

抽风时的症状表现：全身或部分的肌肉强直、抽动、痉挛。强直就是肌肉发硬，全身挺直，有时头向后仰，严重的全身可向后弯成一条弓状，医学上称为角弓反张。痉挛就是肌肉一下一下地抽动，可表现为手脚的抽动，也可是面部的抽动。抽风时一般意识丧失，双眼向上翻，口吐白沫，呼之不应，大小便失禁，有时可将舌头咬伤，抽后多入睡。抽风一般持续时间不长，少则几秒钟，多则数分钟，一般等送到医院，抽风多半已停止。严重者可反复抽风多次，或持续数十分钟不止。小儿若面色青紫、呼吸不规则，此时必须争分夺秒将病儿送至医院。

应急急救方法：

（1）2～3 岁以下的小儿常因高烧而抽风。发现小儿抽风时，家长不要惊慌失措，乱摇患儿，以致加重病情；不要灌水喂汤，以免吸入气管。应该让患儿躺在床上，解开衣服，免得妨碍呼吸。

（2）为了防止抽风咬伤舌头，又不让舌头向后倒，可用布包裹筷子头，放在牙齿之间，并压住舌头，这样可保持呼吸通畅。

（3）对抽风严重的小儿，可用指头掐上唇中间的"人中"穴及双眉中间的"印堂"穴。

（4）小儿正抽风时，不要喂水、喂药，以免误入气管发生窒息或引起肺炎。

（5）如小儿发高烧，可用冷湿毛巾敷在小儿额上，也可用湿水擦身；在夏季，宜用冷水擦小儿四肢。若用酒精加一半水擦皮肤，退热效果更好。

（6）由于发生抽风的原因很多，在做上述处理的同时，应尽快到医院就诊，以免耽误治疗。

二、意外伤害类

（一）烧烫伤

烧烫伤是生活中常见的意外，由火焰、沸水、热油、电流、热蒸汽、辐射、化学物质（强酸强碱）等引起。

1. 烧烫伤程度辨别

烧烫伤对人体组织的损伤程度一般分为三度。

（1）Ⅰ度烧烫伤（红斑性烧伤）：轻度红、肿、热、痛，感觉敏感，表面干燥无水泡。

（2）Ⅱ度（水泡性烧伤）

① 浅Ⅱ度：剧痛，感觉敏感，有水泡，泡皮脱落后可见创面均匀发红、水肿明显。

② 深Ⅱ度：感觉迟钝，有或无水泡，基底苍白，间有红色斑点，创面潮湿。

（3）Ⅲ度：痛感消失，无弹性，干燥，无水泡，如皮革状、蜡白、焦黄或炭化；严重时可伤及肌肉、神经、血管、骨骼和内脏。

2. 应急急救方法

除去伤因，脱离现场，保护创面，维持呼吸道通畅。

（1）立即用冷的自来水（15～25℃）持续冲洗（或浸泡伤处）降温，直至疼痛缓解；烧伤面积较大时（20%以上），同时紧急呼救，启动EMSS（急诊医疗勤务体系）。

（2）迅速剪开取下伤处的衣裤、袜类，切不可强行剥脱，取下受伤处的饰物。

（3）一度烧烫伤可涂外用烧烫伤药膏。

（4）二度烧烫伤，表皮水泡不要刺破，不要在创面上涂任何油脂或药膏，应用清洁的敷料或毛巾或保鲜膜覆盖伤部，并立即送医院。

（5）严重口渴者，可口服少量淡盐水或淡盐茶水，条件许可时可用烧伤饮料。

（6）窒息者，进行人工呼吸。

（二）中暑

高温、高湿是导致中暑的根本原因。体内热量不断产生，散热困难；外界高温又作用于人体，体内热量越积越多，加之体温调节中枢发生障碍，身体无法调节，最后引起中暑。

中暑的症状多表现为多汗、口渴、乏力、头晕、头痛、眼花、耳鸣、恶心、胸闷、心悸、体温正常或略高。

应急急救方法：

（1）立即将患者转移到阴凉、通风或温度较低的环境。

（2）口服淡盐水或含盐清凉饮料，还可服用藿香正气水、十滴水、人丹等。

（3）体温升高者，可采用冷敷（用冰袋冷敷双侧腋下颈动脉处及腹股沟区等），冷水擦浴全身（除胸部）。

（4）必要时呼叫"120"。

（三）电击伤

电击伤是指一定量的电流通过人体引起的机体损伤和功能障碍。电流对人致命的伤害是引起心室颤动、心搏骤停、呼吸肌麻痹，其中心搏骤停是触电后立即死亡的主要原因。因而及时有效的心肺复苏、电击除颤是抢救成功的关键。

电击伤的症状表现为：轻者有惊吓、发麻、心悸、头晕、乏力，一般可自行恢复；重者出现强直性肌肉收缩、昏迷、休克、心室颤动。

应急急救方法：

（1）迅速切断电源，或用干木棍、竹竿等不导电物体将电线挑开。电源不明时，不能用手直接接触伤员，在确定伤员不带电的情况下立即救护。

（2）在浴室或潮湿地方，救护员要穿绝缘胶鞋，戴胶皮手套或站在干燥木板上以保护自身安全。

（3）紧急呼救，启动 EMSS。

（4）立即给呼吸心搏骤停者进行心肺复苏，有条件时尽早使用 AED（自动体外除颤器）进行心脏电除颤。

（5）烧伤局部应进行创面的简易包扎。

（四）淹溺

淹溺是指人被淹没在水中并导致呼吸道障碍及窒息的状况。淹溺的过程很快，一般 4～6 分钟就可因呼吸、心搏停止而死亡。因此，要争分夺秒迅速积极抢救。

应急急救方法：

1. 水中救护

（1）充分做好自我保护。如救助无能力者，千万不要贸然跳入水中，应立即高声呼救。

（2）迅速接近落水者，从其后面靠近，不要被慌乱挣扎中的落水者抓住。

（3）有条件的采用可以漂浮的脊柱板救护落水者。

2. 岸上救护

（1）立即清除口鼻异物（救护者蹲下，使救起的溺水者头朝下趴在救护者的腿上，迅速按其背部，使其将腹中的水吐出，并清除口鼻中的异物），保持呼吸道通畅。

（2）无呼吸、心搏者，立即给予 2 次人工吹气，然后做胸外心脏按压，五组后判断复苏效果。

（3）不要轻易放弃抢救，特别是低体温情况下，抢救应坚持到医务人员到达现场。

（4）一旦恢复呼吸、心搏，可用干毛巾为淹溺者擦拭全身，自四肢、躯干向心脏方向摩擦，以促进血液循环。

（五）犬咬伤

犬咬伤和狂犬病逐年增加，已成为全球性的严重的公共卫生问题。狂犬病是被感染狂犬病病毒的动物，常见的狗猫等咬伤、抓伤、舔舐伤口或黏膜而引起的急性传染病。

狂犬病的临床表现为特有的恐水、怕风、咽肌痉挛、进行性瘫痪（麻痹），因恐水严重，又称恐水症。一旦发病，进展迅速，生存的可能性极小，病死率几乎为 100%。

应急急救方法：

（1）戴双层橡胶手套进行伤口处置。

（2）立即用肥皂水或清水冲洗伤口至少 15 分钟。

（3）不包扎伤口，立即到疾控中心注射狂犬疫苗和破伤风抗毒素。

（六）蛇咬伤

被毒蛇咬伤后，蛇的毒液通过其毒牙灌注进入皮下或肌肉组织内，通过淋巴吸收进入血液循环，引起局部及全身中毒症状。蛇毒是含有多种毒蛋白、溶组织酶以及多肽的复合物，按照毒性可分为三类：神经毒为主，如金环蛇、银环蛇；血液毒为主，如竹叶青、五步蛇；混合毒，如蝮蛇、眼镜蛇。其中，以蝮蛇咬伤最多见。

局部表现：被毒蛇咬伤后，牙痕是可靠依据，其他动物如蜈蚣、毒蜘蛛等，无牙痕。无毒蛇咬伤为一排或两排细牙痕；毒蛇咬伤则仅有一对较大而深的牙痕，从两齿之间的距离可推断蛇的大小。被咬伤后局部出现疼痛，肿胀蔓延迅速，淋巴结肿大，皮肤出现血疱、瘀斑或麻木感，甚至局部组织坏死或溃烂。若不知道咬伤人的蛇是否有毒，应按有毒处理。

全身反应：可出现不同程度的全身中毒症状，表现为头晕、胸闷、恶心、呕吐、发热、视觉模糊、全身酸痛等。严重者可因全身出血、呼吸困难、血红蛋白尿、谵妄、昏迷、窒息和循环衰竭而死亡。

应急急救方法：

（1）保持患者镇静并静止不动，使伤肢低于心脏水平。若需移动患者，不能让其自行走动，应抬着患者走。

（2）用绳子或手帕在伤口上方2～10厘米处结扎，每15分钟左右放松一下。

（3）用大量清水、肥皂水冲洗伤口及周围皮肤，再用3%过氧化氢、1∶5000高锰酸钾反复冲洗伤口，去除毒牙与污物。

（4）在大量冲洗的同时，用火将小刀片消毒，在每个蛇牙痕上割一个十字形切口，向肢体远端方向挤压伤口，并尽快送医院治疗。

重要环节：蛇咬伤虽然为局部损伤，但蛇毒蛋白对人体的多脏器损害不容忽视。毒液吸收迅速，3～5分钟内即被人体吸收，局部紧急处理是防止蛇毒中毒的重要环节。

（七）足踝扭伤

足踝扭伤，踝关节扭伤，也就是我们俗称的崴脚。有三种损伤表现：

Ⅰ度损伤表现：受伤当时或24小时内有轻度疼痛，外踝轻度肿胀及局部疼痛；这是外侧副韧带轻微拉伤的表现，很少会出现关节不稳的感觉。

Ⅱ度损伤表现：非常疼痛，伴有肿胀、僵硬和行走困难，部分可见足部瘀斑；这时候的外侧副韧带可能已经呈现不完全撕裂，会有明显关节不稳的感觉。

Ⅲ度损伤表现：重度疼痛和肿胀常比较明显，足底出现明显瘀斑；这个等级，外侧副韧带基本可以断定为完全撕裂，关节出现明显不稳影响正常活动。如果再严重可能伴有前内踝撞击症，外踝骨折，甚至踝关节脱位等。

一般踝关节Ⅰ度损伤后，应立即冷敷患处，使血管收缩，减少出血，停止肿胀，24小时后改用热敷，用绷带缠住足踝，把脚垫高，即可减轻症状。

Ⅱ度、Ⅲ度损伤后，应用石膏或支具固定保护，避免再次受伤，使用弹性绷带将患部轻轻缠绕起来，产生压迫力量，使之不再肿胀与出血，急救处理后立即送至医院就诊。切忌按摩、被动运动及行走等活动。

（八）头部外伤

头部外伤，无伤口但有皮下血肿，可用包扎压迫止眩；而头部局部凹陷，表明有颅骨骨折，只可用纱布轻覆，切不可加压包扎，以防脑组织受损。

（九）脱臼

（1）肘关节脱臼：可把肘部弯成直角，用三角巾把前臂和肘托起，挂在颈上。

（2）肩关节脱臼：可用三角巾托起前臂，挂在颈上，再用一条宽带连上臂缠过胸部，在对侧胸前打结，把脱臼关节上部固定住。

（3）髋关节脱臼：应用担架将患者送往医院。

（十）急性腰扭伤

腰突然扭伤后，如伤势较轻，可让病人仰卧在垫厚的木板床上，腰下垫1个枕头。先冷敷伤处，1～2天后改用热敷。如症状不减轻或伤重者，应急送医院治疗。

（十一）骨折

（1）止血：可采用指压、包扎、止血带等办法止眩。

（2）包扎：对开放性骨折用消毒纱布加压包扎，暴露在外的骨端不可送回。

（3）固定：以旧衣服等软物衬垫着夹上夹板，无夹板时也可用木棍等代替，把伤肢上下两个关节固定起来。

（4）治疗：如有条件，可在清创、止痛后再送医院治疗。

（十二）婴幼儿窒息急救法

婴幼儿喂奶或服药时窒息，应将其俯卧在抢救者腿上，上身前倾45°～60°，使其排出气管内的堵塞物。婴幼儿因蒙被睡觉或襁褓包得太紧发生窒息，孩子面色青紫甚至停止呼吸，应该立即口对口进行人工呼吸，并迅速送医院抢救（不要忘记掐人中）。

 任务实训

客人受伤应急处理演练

一、演练目的

通过客人受伤应急处理演练，使学生掌握常见伤口和疾病的应急处理方法。

二、学生分组

根据学生人数分组，每组2人，1人扮演伤病员，1人扮演急救员，选择一种常见的受伤情况进行应急处理。

三、准备工作

根据所扮演场景自行准备相应的急救物品。

四、客人受伤应急处理

情景模拟演练：在民宿工作的你，遇到各种情况的受伤客人，该怎么进行应急处理呢？

五、客人受伤应急处理评价表

评价内容	标准及要求	评价		
准备工作	1. 伤情处理相关物品是否准备到位	完全做好□	基本做好□	做不好□
	2. 环顾四周，评估现场环境是否安全并报告	完全做好□	基本做好□	做不好□
	3. 要求上下左右观察到位，口述周围环境安全状况	完全做好□	基本做好□	做不好□
	4. 标明身份，安慰患者	完全做好□	基本做好□	做不好□
	5. 认真检查伤员伤情并报告	完全做好□	基本做好□	做不好□
操作过程	操作过程是否符合相应伤情的处理办法	完全做好□	基本做好□	做不好□
急救处理质量	急救处理效果好，操作稳、准、快	完全做好□	基本做好□	做不好□

复习与思考

1. 发现有人晕厥该如何急救？
2. 如果有人突发癫痫该怎么办？
3. 如果有人被烫伤了，该如何进行急救？
4. 中暑的急救处理方法是什么？

任务五　应急突发事件的处理

在民宿经营服务过程中可能会遇到各类客人，也会遇到各种各样的问题，如客人突发疾病、客人醉酒肇事、燃煤气泄漏、疫情，以及地震、海啸、暴雨突发自然灾害等情况，民宿从业者需要掌握正确处理突发事件的方法，减少损害，维护民宿正常的经营服务环境。

一、突发事件预防措施

1. 做好各类突发事件应急预案

民宿针对各种类型的突发事件，收集参照好的案例，制定出各类突发事件应急预案。对民宿各部门员工进行培训，并定期演练，做到有备无患，万无一失。

2. 及时发现对客服务过程中出现的异常情况

民宿从业人员在工作过程中应及时发现以下异常情况：①客人在房间内进行赌博、吸毒等违法活动；②在房间内烹饪或使用大功率的电器；③发现重病患者、可疑病例、自杀倾向或神志不清的客人；④在楼道内东张西望、神情可疑的客人；⑤闻到异常味道或发现烟雾、火苗等。

二、突发事件处理原则

1. 快速反应原则

民宿负责人3分钟内赶至现场。

2. 统一指挥原则

处理突发事件由民宿负责人统一指挥。

3. 服从命令原则

任何工作人员须无条件服从民宿负责人的命令，当日值班人员对突发事件的处理过程做详细记录。

4. 团结协作原则

民宿各位员工之间要紧密配合，抛开个人利益，以大局为重；平时要组织突发事件的演练，遇到事故才能有条不紊，从容应对。

三、各类常见应急突发事件的处理方法

（一）客人投诉应急处理

投诉一般是由客人对服务态度、服务方法不满意，对硬件设施不满意，或工作失误、违约等原因引起。

（1）认真倾听客人投诉内容，并把握客人投诉心理。一般有三种：发泄，求尊重，求补偿。并安抚客人，调节客人情绪。

（2）给客人造成损失的，根据具体情况，适当给予客人相应补偿。如前台忘记安排车辆，结果造成客人误机。

（3）对客人反映的问题立即着手解决并表示歉意。如客人反映隔壁房间很吵，及时去调解。

（4）对于客人投诉意见，认真记下来，之后做出相应调整。

（5）把每一次投诉作书面记录留作预案，分析原因及解决的方法。

（6）在解决过程中，遇见情绪激动的客人，尽可能避开客人去解决，最好不要与之发生口角争斗。

（二）客人受伤应急处理

此处客人受伤是指客人在下雨、卫生间地面湿滑、洗澡间水温失衡、地毯不平、家具尖角钉刺等条件影响下，发生滑倒、摔跤、烫伤、割伤、电击伤等情况，对身体部分造成伤害。客人受伤包括轻度伤害（瘀伤、表皮伤、挫伤等）和重度伤害（骨折、脱臼、流血不止）。

（1）接到客人通知后，询问客人姓名、房号、性别和伤病情况。

（2）立即报告上级。由上级领导派人赶到现场，安抚客人，确认伤情。

（3）根据客人伤势采取不同措施：

① 如客人伤势非常严重，应立即拨打"120"，由医院派车将客人接到医院治疗。

② 如客人伤势较重，应立即安排车辆，陪同客人到医院治疗。

③ 如客人在夜间受伤，由值班经理派人陪同客人打的前往医院治疗。若需垫付医药费应知会财务，先借款后补手续。

④ 如客人表示不需到医院治疗，可用医药箱内药物给客人简单处理伤口。

（4）清理现场。民宿负责人安排人员对客人受伤区域的相关设备进行检查，对有故障的设备予以维修。同时，安排人员到医院看望伤者，向客人解释原

因，并安抚客人。

（三）客人突发疾病应急处理

个别客人因旅途劳累、水土不服，可能会突发疾病。遇到这种情况，民宿应给予必要的关心和帮助。

1. 观察客人病情的方法

（1）用视觉。通过视觉可以观察生病客人的身体情况，如面部表情与态度、皮肤的颜色、体表及身体形态、体位与肢体活动情况等。

（2）用听觉。可通过生病客人的语言、呼吸、咳嗽等异常情况凭听觉辨别。

（3）用触觉。用触摸的方法测知身体某部位是否正常。

2. 不同病症的处理方法

（1）一般性疾病。客人可能会偶感风寒或有其他小恙，服务员发现后可询问情况，帮助客人联系饭店医务人员。在此后的几天中应多关心该客人，多送些开水，并提醒客人按时服药。

（2）突发性疾病。包括心脑血管病、肠胃疾病、食物中毒等。服务员要立即请医生来，同时报告管理人员。绝对不能擅作主张，自行救治病人，否则可能导致更严重的后果。

（3）传染性疾病。必须立即向民宿业主汇报，并向防疫卫生部门汇报，以便及时采取有效措施，防止疾病传播。对患者使用过的用具、用品要严格消毒，并在客人离店后对房间、卫生间严格消毒。对接触过患者的服务人员，要在一定时间内进行体检，防止疾病传播。

3. 客人突发疾病的应急处理方法

（1）服务人员不要轻易乱动客人，或擅自拿药给客人吃，应立即报告上级，并打电话同附近医院联系，由民宿工作人员护送病人到医院抢救。

（2）迅速通知接待旅行社或客人接待单位主管人员。

（3）从发病开始，每天做好护理记录，必要时派专人护理。医疗费用和护理费用由客人自理。

（4）客人住院抢救期间，及时电告其家属前来。

（5）客人如果经抢救无效死亡，由医院向死者家属报告详细抢救经过，并写出《死亡诊断证明书》。

（6）对该客人住过的客房进行严格的消毒处理，并对该客人住过的客房号保密。

（四）客人死亡事件

（1）客人死亡分正常死亡和非正常死亡。任何员工发现民宿区域内有人身意外死亡事件，必须立即报告店长，同时注意保护现场。

（2）店长接到报告后，应记录时间、地点、报告人身份及大概伤亡性质，如工伤、疾病、意外事故等，并立即到现场，同时向公安部门报告。

（3）店长到现场后，应立即设立警戒线封锁现场，疏散围观人员。如是设备导致的工伤，由设备管理员关掉有关设备。

（4）如人员未死亡，应立即组织抢救，店长联系就近医院和急救中心。伤员送往医院时需派人同往，同时要求客人的亲属、同事、领队一同前往。

（5）如确定是意外死亡，店长应立即将现场与外界隔离，遮挡尸体并注意观察和记录现场情况，并立即向公安部门报告。

（6）公安机关到达后，店长负责向公安部门报告情况，并配合进行拍照、访问目击者和知情人等勘查工作，勘查完毕应立即将尸体转移至医院太平间存放。

（7）尽快查清客人的姓名、性别、年龄、地址、所属单位、接待单位、死亡日期、事件地点、原因、医生诊断情况和目击者等情况，由公安机关同接待单位或死者工作单位、家属取得联系。

（8）无论人员当时是否死亡，必须坚持将其送往医院进行抢救。

（9）对伤死的情况，除向上级领导和公安部门汇报外，任何人不得对外泄露。

（10）尽快处理善后工作，清点客人财物；店长负责协助公安部门调查、记录事件发生经过及处理情况；设备管理员负责恢复有关设备，管家负责清理现场。

（五）客人醉酒应急处理

1. 观察并了解客人喝醉的程度

（1）稍醉：酒精在血液中浓度为0.05%以下，大约为一瓶啤酒，表现为话多。

（2）醉酒：酒精在血液中浓度为0.05%～0.1%，大约三瓶啤酒，表现为反应迟钝，说话出现语言障碍。

（3）大醉：酒精在血液中的浓度为0.1%～0.3%，大约为4～6瓶啤酒，表现为东倒西歪，重复说同一句话。

（4）烂醉：酒精在血液中浓度为 0.4%，大约 8 瓶啤酒，表现为步行困难。

2. 处理醉酒客人的基本原则及注意事项

（1）在区域内严禁留下醉酒客人独处或不管不问，避免因醉酒而引发的其他人身伤害或财产损失。

（2）及时提供醒酒物品（药物、冷毛巾、浓茶或咖啡），备好盛接呕吐物的容器，避免呕吐物污染地面或家具织物。

（3）及时汇报上级领导，由上级领导迅速联系醉酒者亲友，争取尽快由醉酒者亲友接手对其进行看护。

（4）不要忽视受醉酒者影响的其他宾客，应及时表达歉意并做出合理调整，减少这些客人受到的影响。

3. 如果是在民宿餐厅内用餐的客人

（1）各岗点服务员在服务过程中应注意观察客人，当发现客人有醉酒先兆时，应暂停或减量向客人提供酒精饮料，并向值班的餐厅经理汇报。当班餐厅经理先要确定该客人是否确已喝醉，再决定是否继续为其提供含酒精饮料。

（2）如果客人确已喝醉，经理应礼貌婉转地告诉客人不可以再向他提供含酒精饮料（如此品种已售完，是否换其他饮品等）。

（3）如客人已出现较严重的醉态，应安排客人到不打扰其他客人的靠里面的席位上，或者安排在隔开的餐室内。服务员应立即为醉酒客人提供冷毛巾敷头及温水，同时准备好垃圾桶等容器以备客人呕吐，尽量防止客人随意在地毯上呕吐。如果客人呕吐或带来其他麻烦，服务员要有耐心，迅速清除污物，不要抱怨，此时要密切注意防止呕吐物呛入客人气管。

（4）值班领导应尽快联系醉酒客人亲友。对于暂时无法移动的醉酒客人，各岗点都应注意不要让其独处，应保持有随行人员或安排服务员陪同观察，防止客人发生意外。

（5）对于重度醉酒的客人要注意保暖，使其侧卧，防止呕吐物进入气管而导致客人窒息。如有需要，可通过按压客人舌根处等方法，诱发客人呕吐以减轻醉酒程度。如发现客人呼吸浅而慢，应立即汇报，由店长决定是否报警或送院治疗。

（6）如果该客人住在本店，而没有人搀扶又不能够回房间时，应通知其他工作人员陪同客人回房间。

（7）事故及处理结果应记录在工作日记上。

（8）店长在接报后应立即组织人员到场，不可以单独前往，必须两人或两人以上，避免造成自身伤害。

4. 如果是民宿住客但不是在民宿餐厅用餐的客人

（1）工作人员在发现醉酒客人的第一时间，必须立即报告店长。

（2）对因醉酒而大吵大闹的客人要留意监视，一般不予干预，应报告店长，同时向客人提供冷毛巾敷头及温水，备好垃圾袋或垃圾桶。管家要注意向受醉酒客人影响的其他宾客表示歉意。

（3）对随地呕吐的醉客要视情处理，对呕吐过的地面应及时通知保洁人员处理。

（4）对倒地不省人事的醉客应与其他人员配合将客人搀扶至客房，切不要独自进入醉酒客人房间，同时应报告店长。

（5）对醉客的纠缠不休要机警应付，礼貌回避，不要刺激客人。

（6）如醉酒客人出现严重破坏设施或伤害他人行为，工作人员需出面进行干预控制。

（7）管家在控制住客人后立即通知店长到达现场进行处理。

（8）店长在接报后立即到达现场，在不危及其他客人的安全或民宿财产安全的前提下，先请其跟随的朋友或家人劝止，引至安全的区域，提供给解酒物品，让其冷静下来。如果其身边没有朋友或家人，那么，只能尽可能关注，管家随时准备制止事态的发展。

（9）尽可能地安排其回房休息醒酒，并安排安全部工作人员进行陪护。

（10）如客人的破坏行为已不能控制，店长可联系警方寻求帮助。

（六）踩踏事件

踩踏事件是指在某一时间或某个活动过程中，因聚集人群过度拥挤致使部分人因行走或站立不稳而跌倒未能及时爬起，被人踩在脚下或压在身下，短时间内无法及时控制的混乱场面。

应急避险措施：

（1）不要在人群拥挤的地方停留。

（2）在公共场所发生意外情况时，要听从工作人员的指挥，有序撤离。

（3）发现慌乱人群向自己方向涌来时，要快速躲到一旁，或在附近的墙角蹲下，等人群过后再离开。

（4）万一被卷入拥挤的人群，要保持镇静，顺人流方向走。不要弯腰提鞋、系鞋带或拾物。

（5）发现前面有人突然摔倒，立即停下脚步，同时大声呼救，告知后面的人不要向前靠近。

（6）在拥挤混乱的情况下，要双脚站稳，保持身体平衡，抓住身边的栏杆、柱子或看台的椅子等物。

（7）被人群拥着前行时，要撑开手臂放在胸前，背向前弯，形成一定的空间，以保持呼吸道畅通。

（8）万一被人挤倒在地，不要惊慌，设法使身体蜷缩成球状，双手紧扣置于颈后，保护好头、颈、胸、腹部重要部位。如有可能，要设法靠近墙壁或其他支撑物，并尽一切可能在最短的时间内站起来。

（七）自然灾害应急处理

地震、台风、雷电、暴雨等自然灾害目前并非无法预测预报，民宿要把预防自然灾害作为安全工作的重要内容，并根据本民宿所处地域及可能遇到的自然灾害，制订相应的安全计划，以尽量减少自然灾害给民宿造成的损失。

1. 台风、暴雨等恶劣天气的应急措施

（1）在台风来临前，检查辖区所有客房楼道内门窗的情况，必要时给予加固；应做好电力设备的保障工作；确保下水道畅通、避免水浸；准备好止血药、绷带、胶布等常用药品，以备急需。

（2）做好民宿防洪措施，防止雨水进入民宿造成损失；如发现有漏水点、门窗损坏等情况，立即通知人员进行抢险；如发现人员受伤，立即通知医务人员进行救护。

（3）强风时，劝阻客人切勿随意外出；要加强警戒，防止有人趁机作案。

（4）对因下雨而出现过渗漏水的区域，进行重点巡查并提前采取相应的应对措施，以防止可能因台风而造成的损失。在渗漏水的客用区域，放置"小心地滑"标志牌用以提醒客人，同时进行必要、及时的积水清理工作。

（5）各工作岗位人员应关好所辖工作区域门窗并坚守岗位。未经允许或未有人接替决不可擅自离岗，发现任何异常情况立即向民宿负责人报告。如发现玻璃松动或有裂缝，需及时在玻璃上贴上胶条。不在玻璃门、玻璃窗附近逗留，以免门窗玻璃、幕墙玻璃等被强风吹碎，造成安全事故。

（6）台风、暴雨过后，若发现有门窗破损、设备损坏的情况，应立即通知人员进行更换、维修。台风、暴雨还可能造成停水、停电等事故，民宿要及时

做好相应的准备工作，备好应急照明设施，预防消防事故。

2. 地震的应急措施

（1）远离可能倒塌的窗户和其他物体。

（2）有序疏散入住的客人以及民宿员工，组织他们撤离到安全区域。

（3）告知员工与客人，发生地震时第一不能跳楼，第二不能拥挤。

（4）民宿负责人应指引安排客人与员工从安全通道下楼，要避免碰撞、拥挤、踩踏。绝对禁止使用电梯逃生。

（5）民宿负责人在负责指挥客人和员工疏散过程中，不得擅自离岗。

（6）如楼层较高，可建议客人与员工在卫生间等场所就地避险。

（八）停电应急处理

停电一般有两种，区域内停电和民宿单独停电。区域内停电一般提前通知，遇到雷雨天气或者其他情况，也会发生突发性停电。

1. 区域内停电

首先，民宿做好提前充电准备，把应急照明设备充好电。然后告知客人，让客人做好充电准备。如果是晚上停电，提前把照明设备发放到每一间客房，同时在过道内安置好照明设施。

2. 突发性停电

要先出去安抚客人情绪，告知客人停电原因，并打电话联系电力部门询问停电原因及通知维修。

3. 自家店单独停电

（1）检查断电原因，是单独停电还是区域面积停电。单独停电一般分为整栋停电、楼层停电、单独客房停电三种，检查总电源或楼层、房间开关是否出现跳闸。

（2）若晚上停电，联系客人向客人说明停电原因，并告诉客人相关人员正在维修，告知最晚来电时间，安抚客人情绪，给客人发放一些照明设备。

（3）启动应急照明设施，如果没有，则在过道合适位置放置照明设备。

民宿平时应备置好应急照明设施或者发电设施。照明最好不要用蜡烛，以防操作不当或者客人大意引发火灾。对于一些木质结构的客栈民宿，更是要禁用蜡烛照明。

（九）火灾应急处理

详见项目六"民宿安全服务——任务一　消防安全管理"。

（十）食物中毒应急处理

详见项目六"民宿安全服务——任务二　食品安全管理"。

（十一）煤气中毒应急处理

详见项目六"民宿安全服务——任务三　煤气安全管理"。

任务实训

地震应急演练

一、演练目的

通过地震应急演练，使学生掌握应急避震的正确方法，熟悉地震应急处理的正确方法。

二、具体要求

1. 听从指挥，服从安排。

2. 保持安静，严禁推拉、冲撞、拥挤。

3. 按规定线路疏散，不得串线。

三、地震应急处理

情景模拟：深夜，某民宿内发生强烈震感，客人惊慌失措。

思考：作为民宿值班管理人员的你该怎么办呢？

四、地震应急处理评价表

评价内容	标准及要求	评价
组织人员疏散	1. 有序疏散入住的客人以及客房部员工，组织他们撤离到安全区域	完全做好□　基本做好□　做不好□
	2. 告知员工与客人，发生地震时第一不能跳楼，第二不能拥挤	完全做好□　基本做好□　做不好□
	3. 指引安排客人与员工从安全通道下楼，要避免碰撞、拥挤、踩踏。绝对禁止使用电梯逃生	完全做好□　基本做好□　做不好□
	4. 如楼层较高，可建议客人与员工在卫生间等场所就地避险	完全做好□　基本做好□　做不好□

续表

评价内容	标准及要求	评价
自救逃生	1. 远离可能倒塌的窗户和其他物体	完全做好□　基本做好□　做不好□
	2. 选择在室内结实、能掩护身体的物体旁或易于形成三角空间的地方蹲下或坐下	完全做好□　基本做好□　做不好□
	3. 注意保护头、颈	完全做好□　基本做好□　做不好□
	4. 等地震过后,迅速离开房间到达安全的开阔地	完全做好□　基本做好□　做不好□

复习与思考

1. 客人醉酒的应急处理方法是什么?
2. 客人投诉的应急处理方法是什么?
3. 突然停电的应急处理方法是什么?

参考文献

[1] 陈莹.客房服务与管理[M].第2版.北京：高等教育出版社，2019.
[2] 樊平，李琦.餐饮服务与管理[M].第2版.北京：高等教育出版社，2015.
[3] 洪涛，苏炜.民宿运营与管理[M].北京：旅游教育出版社，2019.
[4] 张琰，侯新冬.民宿服务管理[M].上海：上海交通大学出版社，2019.
[5] 江美亮.民宿客栈怎样做：策划·运营·推广·管理[M].北京：化学工业出版社，2020.
[6] 严风林，赵立臣.民宿创办指南：从0到1开民宿[M].武汉：华中科技大学出版社，2019.
[7] 镡玉.蹒跚在民宿路上[M].南京：江苏人民出版社，2019.
[8] 陈盛.互联网+民宿运营与场景营销[M].北京：中华工商联合出版社，2020.
[9] 张希，杨雅茜.国内民宿业服务质量评价研究[J].湖州师范学院学报，2017，39（01）：59-66.
[10] 都大明.现代酒店管理[M].上海：复旦大学出版社，2014.
[11] 中国红十字会总会.救护员[M].北京：人民卫生出版社，2015.
[12] 向跃进，张春.餐厨管理.重庆：重庆大学出版社，2021.

彩插 1

彩插 2

彩插 3

彩插 4

彩插 5

彩插 6

彩插 7

彩插 8

彩插 9

彩插 10

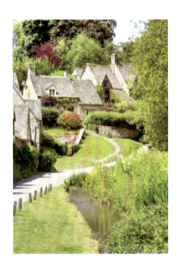 

彩插 11